名廚的畫像

Chefs

法國百年美食文化絕代風華

彭怡平◎文・攝影

Le rôle du cuisinier commence là où s'arrête le travail de l'artisan, l'oeuvre de la nature. Il consiste à rendre très bon ce qui, déjà, est très beau. L'important est de préserver la saveur originelle, naturelle de chaque élément qui compose un mets.

Jusqu'alors, la gastronomie ne faisait que refléter une société et une époque. Maintenant, elle se doit de l'accompagner. Mieux: de l'entraîner. Toute ma philosophie repose sur l'unique principe de réinterpréter cette cuisine de l'essentiel, simple, audible et compréhensible pour tous, en un subtil équilibre entre la tradition, l'évolution et la modernité.

Tradition dans le choix des produits et des recettes; évolution dans la recherche d'idées et d'échanges entre les pays; et modernité dans l'utilisation des techniques, précises et rigoureuses de l'exécution et de tous les moyens pour pallier l'irrégularité de l'homme.

La cuisine d'exception n'est pas un festin inutile; elle réconcilie la nature, le travail et la culture pour qu'un tel patrimoine ne s'évanouisse et que cet art préserve ce qui doit durer.

Je recommande vivement ce livre à tous, et au peuple chinois en particulier car il nous fait découvrir et comprendre, à travers quelques portraits, la cuisine française dans sa définition la plus dépouillée; un art et une philosophie.

「料理」藝術與哲學

推薦序

主廚的角色開始或限於工匠的工作，所完成地是自然的作品。它在於不粉飾已經是很美好的大自然產品，使其非常好；重要的是，保存組成菜肴的每個元素自然、原始的味道。

一直以來，美食只反映某個社會及某個時代。現在，美食必須佐以更好的訓練，所有我的哲學建立於唯一的原則，那就是再納入基本的、簡單的、可聽見及可了解的料理，使其在傳統、發展與現代性間取得微妙的平衡。

在食材與烹調法的選擇上「傳統」；在國與國間思想的研究及心得的交換上「發展」；在技術的運用層面、精準性的掌握、嚴格地執行，以取代人為的無規律性，並藉此三者—技術、精準、嚴格，以達到「現代化」。

特別的料理並非是無用的盛宴；它調和了自然、工作以及文化，如此這樣的國家不會消失，並且，這個藝術保存必須永久保存的。

我大力推薦這本書給所有的人，尤其是中國人，因為這本書透過對幾位廚師的描繪，使我們發現及了解，法國料理，最樸實的定義：一種藝術與哲學。

《米其林》美食評鑑六顆星主廚　亞倫‧杜卡斯）

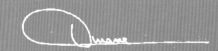

Le gastroniomie fait vraiment partie intégrante de l'art de vivre à la française. On ne peut pas bien connaître la France si l'on ne s'intéresse pas à sa cuisine. Et c'est un vaste sujet!

Madame Yi-Ping PONG fait indéniablement partie de ceux qui ont décidé de connaître en profondeur cet aspect de la culture française. Pour mieux mesurer le degré de raffinement qui caractérise la grande cuisine, elle est allée interroger dlrectement quelques-uns des plus grands chefs français, comme Alain Ducasse, Paul Bocuse, A. Senderens, A. Passard, Troisgros, etc. Elle décrit leur établissement, leur vie, leur philosophie, qui transparaît à travers leur cuisine. Chacun a une approche différente."Le style est l'homme même", disait Buffon. Cela est vrai de l'art culinaire comme de la littérature. Mais il y a des constantes, qui donnent à la cuisine française son identité.

Grâce au livre très bien documenté de Madame Yi-Ping PONG, le lecteur Taiwanais pourra pénétrer cette identité, et la comparer à celle d'une autre grande cuisine: la cuisine chinoise. Il découvrira un monde d'une infinie variété.

Cet ouvrage est le meilleur passeport possible pour la France. Je lui souhaite, ainsi qu'à son auteur, tout le succès qu'il mérite.

Directeur de l'Institut Français de Taipei

進入法國美食殿堂

推薦序

美食的確是組成法國生活藝術的一部分。如果我們對她的料理沒有興趣，就不能真正地認識法國。而且，這也是一個很大的主題。

彭怡平小姐，不可置疑地，屬於決定深度了解法國文化的這個部分。為了更好地測量頂級美食的精緻程度，她直接去訪問一些最頂級的法國廚師，如亞倫‧杜卡斯、保羅‧包庫斯、亞德漢斯、亞倫‧巴薩德、托格候等人。她描寫他們的餐廳、他們的人生、他們的料理哲學，這些都可經由他們的料理顯露出。每個人都有不同的方式，畢費曾言：「風格如同本人。」料理藝術真的如同文學。但它有常數，給予法國料理同一性。

多虧彭怡平小姐這本有文獻依據的書，台灣讀者將能深入了解這個同一性，並能夠將其與另一個偉大的料理－「中國料理」比較。他們將發現變化無窮的世界。

這本著作是最好的法國通行證。我期望這本著作，同樣期望作者也得到她應得的成功。

（法國在台協會主任　史鼎）

●催生「精緻美食餐廳」(Restauration Gastronomique)的靈魂人物

法國美食雄踞西方歷史將近整整兩百年，至今仍獨領風騷，而融合各地料理特色於一爐、人材濟濟的巴黎，更被喻為「世界美食之都」，宛如世界美食舞台上一顆永不隕落的明星…。細細分析其原因，除了法國得天獨厚的地理環境，帶來各省豐富的海陸食材外，更重要的是「主廚」(Chefs)及「美食作家」的誕生。

一般而言，法文裏有兩個字都代表廚師，一為Cuisinier，意指「廚師」，尤指在大飯店裡擔任廚師工作的料理人，有專司調配醬汁的廚師Saucier，釀製酸醋的廚師Vinaigrier，專司烤肉的Rotisseur；另有麵包師Boulanger、糕點師Patissier及最基層的學徒Commis等，但能被尊稱為「主廚」的卻僅只一位。如同於交響樂團首席指揮，要監督所有細節，包括食材的選擇、菜單封面到內容的更換與設計、廚房部門的管理等，並要與「餐飲部領班」及「品酒師」配合；更重要的是領導整個餐廳的方向，建立其風格。法文以Chef來稱呼他們，正凸顯出他們的獨特與唯一。

Chef與一般國人對「廚師」的定義與看法不同，Chef在學藝時期周遊列國，吸收各國料理藝術的精華，每位Chef的料理皆如其人般獨一無二！經由他們一生孜孜不倦的努力，使得料理藝術得以發揚光大，也使得Chef成為美食餐廳的靈魂人物，Chef的料理，表現他們的思想，雖無言語，卻是人間存在以來最美好的溝通方式。

而「美食作家」，不單是能夠與料理大師心靈交流、解讀他們的語言，還需要能夠藉由文字，將食物形體本身的感官美與超乎

解構巴黎精緻美食餐廳

作者序

感官的精神美，發揮到淋漓盡致，更進一步達到哲學省思與科學般精準的文學家及科學家的境界。

如法國第一位美食作家布里亞─薩瓦蘭，一八二五年十二月八日出版的《味覺的生理學》(La Physiologie du Gout)，為法國的美食主義奠下「科學」基礎；有「美食文學家之父」的亞歷山大‧葛利莫‧都‧拉‧漢尼耶於一八〇三至一八一二年間，出版了一系列《美食者年鑑》(L'Almanach des Gourmands)，首開法國美食批評之風；皆為法國精緻美食奠下揚名世界的思想基礎。

一九〇〇年，專業美食評鑑寶典《米其林》(Michelin)的出版，直接刺激整個法國美食界。為了獲得《米其林》三顆星，成為「世界級」的主廚，法國廚師們日夜磨練完美的料理技藝，在餐廳裝潢上注入「個人風格」，營造高雅的用餐氣氛，使其與菜肴特色相結合，並且嚴格地選擇食材的品質。此外，餐廳本身專業「酒窖」(Cave)的成立，更進一步提昇精緻美食餐廳的專業地位。

服務方面更首創西方料理界的分工制。區分為「餐飲部領班」(Maître d'Hôtel)，「品酒師」(Sommelier)，「服務生」(Serveurs)三級；並在大廳的每一個廳內安排「分區餐飲部領班」，「分區品酒師」以及能說多國國際語言的餐廳「服務生」，務求照顧到每個細節。所以在法國的精緻美食餐廳用餐，一位顧客同時由數位專業而且訓練有素的餐飲服務生環伺，每一道菜肴都為數十位廚師的共同心血結晶。為了事先確定食材的量、確保服務品質，也避免讓客人空跑一趟，預先訂位是絕對必要的，並且穿著絕對要整齊，以正式的晚禮服尤佳。

最後一點使巴黎精緻美食獨步世界的原

因，是每間餐廳都有她動人的歷史背景，如名列法國五大古蹟之一的《銀塔》餐廳，為一五八二年的建築；於一八九五年建成的《路卡斯·卡東》餐廳，是名建築師路易·馬鳩雷(Louis Majorelle)一生中的代表作；或每個座位皆刻上藝術家、大文豪名字為特色的《大菲弗》餐廳。

以專業分工經營的精緻美食餐廳，經由主廚的畫龍點睛，再加上美食作家優雅並挑動感官的文筆，宛如哲學家的深刻思想，使法國「美食」跳脫了感官享受的層次，轉換為隱含人類一切知識的泉源及省思，帶給食客沉思的喜悅與無限心靈的滿足！

●誰去「精緻美食餐廳」？

「去法國精緻美食餐廳用餐好貴，我哪裡花費得起？那都是給有錢人吃的！」。這是一般人對法國精緻美食的印象，雖心嚮往之，卻無力為之。然而，對美食世世代代忠誠，並且將美食視為「生活的藝術」的法國人，卻抱持著完全有別於我們的價值觀。

去「精緻美食餐廳」的食客，並非如我們印象中的全為富豪或政治人物！而多半是一般的市井小民。有來此慶祝銀婚、金婚、鑽石婚的老夫老妻；有戀愛中的男女，為了試探彼此感情的溫度，所精心規劃的「溫柔晚宴」；有的是新婚燕爾，卿卿我我甜甜蜜蜜；當然，也有來此慶祝一段轟轟烈烈的感情結束並互道珍重的怨偶。

為了來此等餐廳用餐，他們願意勒緊褲帶，將幾個月省吃簡用後多出來的積蓄，拿來換取一頓畢生難忘的美食經驗，因為對他們而言，世間沒有任何事物，比和心愛的人，在充滿溫柔高貴風情的餐廳中一起用餐，更能激起他們感官與心靈滿足的事了！

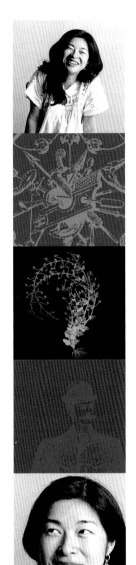

對美感敏銳、喜好感官享受的藝文界人士，如世紀才女喬治·桑、奧芬巴哈、雨果、大仲馬，名導、演員等也都是常客；當然，其中也不乏「美食間諜」！

法國大大小小的美食評鑑，每年派出各種等級貌不驚人的便衣間諜，人數高達幾千人，形成美食餐廳不可小覷的主流顧客群。

來自世界各地的觀光客，慕巴黎美食之都的盛名前來，成為美食餐廳的新寵兒；在美食餐廳進餐，往往耳聞十來種以上的國際語言，此起彼落，餐廳瞬間變成一如聯合國大會般…。

●哪些菜肴夠格稱得上「美食」？為什麼？

中國美食餐廳裏的鮑魚、魚翅、猴頭菇、熊掌、燕窩等高級素材，到了法國美食餐廳裏變成以布列塔尼螯蝦、龍蝦、魚子醬、松露、巧克力等材料做成的珍饈。

好的食材少之又少，物以稀為貴，偏偏法國「精緻美食餐廳」料理中，推崇使用最高級最新鮮的食材，使得名廚們為了獲得最好的食材，你爭我奪的情況所在多有。例如每年一度為了搶奪佩里戈爾的松露的「名廚大戰」，可謂驚心動魄！不但發動金錢兼人情攻勢，再加上威脅利誘，其內幕情節之錯綜複雜高潮迭起，直可逼近福爾摩斯的偵探小說。

為了建立非常緊密的商業關係，最好的供應商早被名廚網羅，簽下數十年的賣斷合約。若是某種物產瀕臨絕跡，法國老饕也會絞盡腦汁，千方百計「嚐到」類似的味道。

●寫作《名廚的畫像》動機

開車跑遍全法國，尋訪古往今來，引領法國料理風騷的名廚及飯店。每次到了不同

的餐館，都為其獨樹一幟的餐廳風格及與眾不同的料理詮釋手法所吸引，而這一切，又都與主廚的人生背景、豐富多元的地區文化特質、視「美食」為「生活藝術」，並反映社會與文化現象的思想緊密相連。

我不斷地問自己，為什麼法國主廚對最高美食境界的追求如此執著？為何法國人視「美食」為一種至高無上的「生活藝術」？為了達到藝術的境界，他們不惜花費無數的人力、物力、時間與金錢，集世世代代的智慧去追求？這些問題的答案，與我個人為何在人力與物資都匱乏的情況下，仍堅持完成此著作的理由相同：對追求人生至真、至善、純美信念的堅持，及完成該使命的決心。

當我在日本及法國求學的那段時間…。某位日本商人談及對台灣的印象：「台灣，我知道！就是那個產香蕉的島。」這句話到了法國人口中變成：「啊！Made in Taiwan. 台灣就是專門製造價廉但品質不怎麼樣的次級品的地方。」之後的幾年，我不斷地問自己，台灣難道除了給世界「多金」、「會賺錢」的印象外，別無其他？在台灣這塊土地上生存的人民，除了賺錢、關心政治外，還有另一塊天空可供呼吸？那些對人文藝術饑渴的心靈，是否可獲得真正的滿足？

這個問題盤踞在我心裡，使得我在清晨四點多因露夜開車而連續爆胎二次時，能咬緊牙關換胎，在荒山野嶺走幾百公尺打電話找修車廠求援。也使得某主廚給我看了日本早在十幾年前，就派遣二百名專家、攝影師及各界菁英，編輯出版十大冊的歐洲精緻美食文化叢書後，更督促自己早日完成此書。

在這本著作中，我走訪了二十二位在料理及餐廳風格、料理哲學上皆不相同的主廚，深入了解他們的人生境遇，刺激他們踏

上這條料理不歸路的理由，及其產生迥然不同的料理風格與料理哲學的背景為何？

這二十二篇故事，談的不僅是獲得《米其林》美食評鑑肯定的三星主廚。因為，今日的非三星，極可能是未來執法國料理牛耳的菁英；而今日的三星級主廚，也曾經是昨日的二星、一星級甚至無星級的「他們」。為了更公正、客觀地評判，並且深入了解當代法國美食界現況，我選擇的方向跳脫了僅向一般的「名牌」致敬，更進一步網羅了有才華、在料理技藝與風格都各有所長的非三星級主廚。

藉由此書，除了向這些為夢想努力以赴的主廚們，獻上我最高的敬意外，也期望能夠對中國的餐飲業起拋磚引玉的作用，將中國人最引以自豪的美食文化，推向更精深更廣博的生活藝術境界。

感謝商周出版全體工作同仁對此書的全力支持與協助，尤其更要感謝充滿創意的美編啟巽，使我在精神與物資上稍得舒緩的蘭蕙，為了出版此書而壓力變得很大的社長何飛鵬先生。寫書期間，一直從旁協助的法國摯友David、Sylvie、Rodolphe，攝影指導楊文卿及黃士庭，若沒有你們，我絕對難以完成此書。一直以來鼓勵我的素馨、俊樹、美穗、欽青，尤其與各主廚朋友們超越國籍文化界限的心靈溝通，使得漫長孤獨的寫作期間變得甘美。尤其感激我父母長久以來的體諒與關心，希望這本書的出版，能讓您們得到稍許的安慰。

Paris巴黎

1.貝納・紀歐丹(Bernard Guilhaudin)
2.菲利普・路鳩德赫(Philippe Legendre)
3.亞倫・巴薩德(Alain Passard)
4.紀・馬丹(Guy Martin)
5.多明尼克・布雪(Dominique Bouchet)
6.亞倫・松德漢斯(Alain Senderens)
7.亞倫・杜卡斯(Alain Ducasse)
8.溝提契尼兄弟(Frère Conticini)
9.艾力克・魯瑟夫(Eric Lecerf)

Lyon里昂

10.保羅・包庫斯(Paul Bocuse)
11.米謝爾和皮耶・托格侯(Michel & Pierre Troisgros)
12.尚・杜克魯(Jean Ducloux)
13.菲利普・瞿斯(Philippe Jousse)
14.帕粹克・翁里魯(Patrick Henriroux)
15.貝納・羅叟(Bernard Loiseau)
16.喬治・白蘭(Georges Blanc)

Alsace 阿爾薩斯

17.保羅及馬克・艾伯藍(Paul & Marc Haeberlin)

France

Paris

Bretagne

Alsace

Lyon

Provence

Bretagne 布列塔尼

21.奧利佛・羅蘭杰(Olivier Roellinger)
22.喬治・班諾(Georges Paineau)
　和克勞德・勾陸偉(Claude Corlouer)

Provence 普羅旺斯

18.克萊蒙・布魯諾(Clement Bruno)
19.海娜・撒慕(Reine Sammut)
20.羅倫和傑克・布賽爾(Laurent & Jacques Pourcel)

contents
目錄

推薦菜單圖例：▲ 開胃菜　♣ 前菜　♠ 主菜　♥ 甜點　◆ 酒、飲料

Paris

巴黎人認為最好的料理師，是談過戀愛的廚師加上最優秀的美食家。

貝納‧紀歐丹 *Bernard Guilhaudin*

「銀塔」餐廳的克勞德‧特哈耶（Claude Terrail）（左）、貝納‧紀歐丹（Bernard Guilhaudin），加巴黎聖母院的鐵三角組合。

圖片提供／Pierre Colacécu

Bernard Guilhaudin

「料理」如同「愛」，
她喚起所有的感覺，並發自內心。
料理的動作如同愛的表現。
～貝納‧紀歐丹

●在「銀塔」餐廳一邊欣賞塞納河、聖母院美景，一邊享用血鴨。

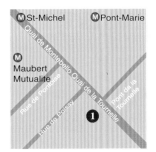

銀塔（La Tour d'Argent）
《米其林》＊＊
《GaultMillau》16/20
地址：15-17,quai de la Tournelle 75005 Paris
地鐵站：Pont-Marie,Maubert Mutualite,Saint-Michel
電話：01 43 54 23 31
傳真：01 44 07 12 04
套餐（Menu）：商業午餐350法郎，690法郎
單點組合（Carte）：900～1,100法郎
週一休息
60席

①「銀塔」餐廳外觀。

巴黎的某位知名美食記者寫道：世上分為「餐廳」及「銀塔」(La Tour d'Argent)，「餐廳老闆」及「克勞德·特哈耶」。究竟「銀塔」擁有什麼樣的魅力，使其得以擊敗其他巴黎三星級豪華餐廳，成為所有法國人終其一生，夢寐以求圓得的「夢想」呢？

佇立塞納河畔，面對巴黎聖母院(Cathédrale Notre-Dame)及聖路易島(Ile Saint-Louis)的「銀塔」，是全世界最美、最古老的餐廳，代表所有法國人一生的夢想。她是舞台中的舞台，而觀眾，則聚於世界最浪漫的舞台中心—巴黎！坐擁她無盡的千嬌百媚，懷緬著過去的光榮…，在她重新甦醒的等待中，幻想其所綻放的光芒，近乎海市蜃樓，讓人屏息、困惑卻迷戀。但，戲才剛剛啟幕…。

「肅靜！」樂隊指揮舉起指揮棒，舞台監督盯牢舞台；「光線！」棒擊地面的三聲後，幕緩緩升起…全場一片驚呼…。

從歷史中走來

第一位出場的演員：身穿黑色燕尾禮服的侍者。

當我在他的帶領下，走入深鎖的鐵門內，豁然在眼前展開的，是一間洋溢法式貴族風格的藍色沙龍。藍色的地毯直深入盡頭的酒吧間。兩旁小几上，放置著來自中國的青花瓷瓶，瓶內插滿

●名列金氏紀錄，世界最好的酒窖之一。

●富麗堂皇的「銀塔」餐廳入口大廳。

推薦菜單

♣

酸甜明蝦沙拉
Gambas en salade aigre-douce

♠

血鴨
Caneton Tour d'Argent

橘子鴨
Caneton Mazarine à l'Orange

馬可波羅綠胡椒鴨
Caneton Marco Polo au poivre vert

青蘆筍香菇龍蝦千層酥盒
Feuilleté de homard et asperges au sabayon de champignons

餃子香芹佐青檸檬醬汁炒牛犢胸肉
Ris de veau poêlé au citron vert & céléri

♥

蛋白草莓杏仁甜餅、
香草冰淇淋盒配酸甜紅果子醬汁
*Macaron à fraise；
glace de vanille avec coulis aux fruits rouges*

了白紅兩色劍蘭。位於大廳的左側，一張罩著透明鐘罩的飯桌上寫著「三位皇帝的晚餐菜單」(Menu du diner "des trois empereurs")樣桌，是特哈耶為了紀念他的外公—克勞帝歐斯·布戴爾(Claudius Burdel)而精心陳設。

他的外公是十九世紀末巴黎最有名的餐廳及咖啡館「英國咖啡」(Café Anglais)的老闆，擁有當時數量最多，年代最久遠珍貴的葡萄酒收藏。而「英國咖啡」是當時巴黎上流社會及國際人士聚集休閒、打牌聊天的場所。一八六七年六月七日，趁參觀「巴黎世界博覽會」之際，普魯士大帝紀洛梅一世(Guillaume 1er)，在首相

●「銀塔」餐廳的菜單。

俾斯麥(Bismarck)的陪同下，與亞歷山大沙皇二世(Alexandre II)一同欣賞完首場的奧芬巴哈的「高貴女伯爵蓋洛絲坦」歌劇後，共進晚餐。當時並非「鵝肝」的產季，但久仰鵝肝名聲，堅持一償宿願，結果整間「英國咖啡」上上下下，跑遍全巴黎，只爲了尋找一片新鮮鵝肝。結果，這場風起雲湧的「鵝肝」品賞大會終於在肥嫩新鮮的鵝肝入口之後，圓滿地結束！

在三位皇室人物酒酣胃滿之際，克勞帝歐斯‧布戴爾將他們吃過的菜單與酒單列出，做爲歷史紀念。二年後，在俾斯麥的主導下，巴黎被佔領，「英國咖啡」主廚逃往丹麥某小島，隱姓埋名，這後半段發展成「芭比的盛宴」中的情節；而克勞帝歐斯‧布戴爾被迫結束營業。之後不久，他將「英國咖啡」酒窖珍藏盡數贈與女婿，即今日「銀塔」老闆的父親－安德魯‧特哈耶(André Terrail)，成爲今日「銀塔」酒窖的雄厚基礎，也使得其酒窖得以名列金世紀錄，並成爲世界最好的酒窖之一。

二次世界大戰，德軍佔領期間，特哈耶將酒窖封起來，以防止德軍破壞，直到大戰結束，這批酒才重見天日。如今酒窖收藏有近五十萬瓶，九千種不同的種類，如1788－干邑酒(Cognac)，波爾多1865－ Chateau Siran，1875－Lafite-Rothschild及1896－Mouton Rothschild；勃根地1870－Clos Vougeot，及罕見的1947－Kurg的香檳；酒窖中，還設有一小型博物館，「銀塔」老闆娘的照片被置放在一堆最名貴的酒藏之間，只有在罕有的訪客到來時，才有緣得見。

當我隨著侍者穿越長廊之際，一具約與人身長相等、鍍金片打造的「持鴨人騎士像」，矗立在走道的落地鏡前。古色古香的電梯門上，是新

●「銀塔」的酒單,厚度驚人。●「銀塔」老闆娘的照片被置放在一堆最名貴的酒藏之間,只有在罕有的訪客到來時,才有緣得見。(下圖)

藝術風格的亮面銅鏡仕女畫,電梯旁則掛滿了各種名人簽名信函,及皇室貴族光臨此餐廳時的紀念照。當電梯緩緩地往六樓上昇之際,我竟有著如同飛入幻境、飄飄欲仙的錯覺,想像著上昇的電梯將帶領我離開煩擾俗世,來到世外桃源。門終於開了,打醒了我的美夢。門口兩旁掛著加框保護的四張老舊菜單,立刻吸引住我的目光…。

榮光的晚宴

　原來,十六世紀末以來,「銀塔」餐廳已經舉行過無數次轟轟烈烈的歷史性晚宴了;而她的名字,也總是與歷史上赫赫有名的人物「掛鉤」,其中包括一五八二年開幕以來的「亨利三世晚餐」。據膳食總管說,某日法王亨利三世(Henri III)剛打獵回來,餓得發慌的他,菜方上桌,立刻如常地以手抓著食物,大口大口地吃起來,齜牙裂嘴間,漫不經心地往鄰桌一掃,瞥見來自威尼斯的商人們,使用僕人們自珠寶盒中取出的尖銳器具來插取牛肉片。他羞愧於自己的餐桌禮儀,因而自此之後,上行下效,使用叉子吃飯。

　第二次歷史性的晚宴則發生在一七二○年攝政王菲利普·奧爾良(Philippe d'Orléan)執政期間(一七一五～一七二三)。這位風流的攝政王在位期間,興起「精緻晚餐」(Soupers Fins)全民運動。他親自示範,帶領兩位絕色佳人阿依絲(Aïssé)及茱諾(Junon)共進溫柔優雅的燭光晚餐,留下歷史性的菜單。當晚的菜肴諸如「處女湯」(Potage à la vierge),以兩

●口感香綿細緻的「青蘆筍香菇龍蝦千層酥盒」。　　　　　　　　　　　　　●鍍金片打造的「持鴨人騎士像」。

位情婦命名的「芭哈貝荷女士魚肉餅」(Pâté de poisson Madame de Parabère)，「阿依絲焗水蜜桃」(Gratin de pêches de la belle Aïssé)，甚或以他起名的「攝政王的小甜點」(Les mignardises du régent)等，皆頗具象徵意涵，爲法國「精緻晚餐」文化史上，留下光輝燦爛的一頁。

不僅於此，他還很得意地展示我一八九○～一九九○年間，名人光顧此地的長長名單，及因「銀塔」而一舉成名的歷史榮耀，如拿破崙時代時，「銀塔」爲了紀念他光榮的戰績，特地爲他發明了一道膾炙人口的佳肴「番茄蘑菇炸雞」(poulet Marengo)。我在那一疊厚厚的文件中，發現了幾個我的知音。那個偉大的時代，多少文人才女、音樂

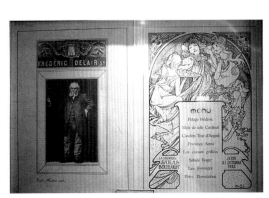

●一八七○年費德利克著名的「血鴨」菜單。

家、政治家，都曾在此留下他們的足跡與唇印……。如我最傾慕的女作家─喬治·桑(George Sand，一八○四～一八七六)及同爲作家的丈夫阿佛列德·慕瑟(Alfred de Musset，一八一○～一八五七)；以《三劍客》(Les Trois Mousquetaires)小說聲震文壇的大仲馬(Alexandre Dumas，一八○二～一八七○)；以九十五冊《人間喜劇》系列小說，批判當時社會，橫掃古今的文壇兼美食界怪傑巴爾札克(Honoré de Balzac，一七九九～一八五○)；以「巴黎生活」(La vie parisienne)輕歌劇，描繪十九世紀巴黎多采多姿生活的奧芬巴哈(Jacques Offenbach，一八一九～一八八○)等。

高潮迭起美食劇場

表演繼續進行著，第一位主角登場…。

身軀瘦長，背脊豎直宛如 "T" 字型的老闆—克勞德·特哈耶（Claude Terrail），除了親吻女士的手外，他從不彎腰低頭，甚至對王室貴族也不例外。他總是一付不卑不亢的姿態，對任何人皆保持著距離與冷漠。轉眼在「銀塔」將度過了五十個年頭的他，從不渡假，也從不缺席，每天中午，他總一人孤獨地坐在大廳入口靠牆的桌邊用餐。一如往常地，讓我在旁默默地等候，直到他用餐完畢，飲下最後一滴咖啡，才彷彿下定決心似地，倏地站起，向我走來，以充滿磁性的聲調對我說：「親愛的女士，有什麼可以讓我為妳服務的？」待邀我入座後，他喚侍者端來厚厚一疊他的著作，一邊興高采烈地翻閱著所有的作品，一邊再度以略帶戲劇化的演員腔調，對我朗讀「銀塔」的每一寸光榮歷史。未曾踏出國門的特哈耶，向我說了一個小故事——瑞典女王克莉絲汀某日對著向她哭訴著自己悲戚的旅館女主人說：「妳可知道妳我之間有何不同嗎？我必須不斷地旅行以贏得人民的敬愛；但是，從未出過遠門的妳，不需求取，每日卻可贏得來自各地的友誼，這是上天給妳的恩典，妳還有何奢求？」我想，這正可以影射特

哈耶的地位。然而，在成為世界知名的「銀塔」老闆之前，他獨鍾於戲劇，從小矢志當喜劇演員。某日他向最敬愛的祖母大聲說出：「我將來要成為演員！」時，祖母張大眼睛，不可置信地說：「什麼？喜劇演員！我們家族裏，絕對不准有『演員』，這簡直是恥辱！你還是想想『外交官』、『律師』吧！」不過，聰明的特哈耶並未因此死心，而是將他兒時的夢想，化為統領著近百人的「劇團」，演出的唯一主題是：「歡樂！」面對著來自世界各地的、知名如國王、作家、藝術家，或一般的市井小民，在每一場完美的戲中戲裡，成功地演出上百種不同的角色。

對特哈耶而言，人世間沒有比「歡樂」更嚴肅的主題了，尤其是帶給他人歡樂。他自嘲地說：「我只有一個國家—法國，一個地址—『銀塔』，一個老闆—顧客。我甚至出生在『銀塔』。今年已八十歲的我，轉眼也將安眠於此。然而，我有一個美麗的妻子；得上帝恩寵，比我聰明的兒子；以及讓我全心投入、至今不覺厭倦的工作，我覺得非常滿足。」他抽了一口煙，繼續說：「一八七〇年普魯士軍入侵後，直到一八九〇年『第三共和』（République III，一八七〇～一九四〇）執政之前，全法國歷經一場痛苦的

●口感清爽，橘香陣陣的「橘子鴨」。

『食』的經驗。當時嚴重缺乏食物，一八七〇年的聖誕節，『銀塔』的主廚爲了準備聖誕節大餐，絞盡腦汁，推出的聖誕晚宴竟然是『塞肉餡的驢頭』(Tête d'âne farcie)、『英式烤駱駝』(Chameau rôti à l'anglaise)、『松露羚羊肉凍』(Terrine d'antilope aux truffes)等來自動物園的靈感所設計的菜單。自費德利克(Frédéric)發明了『血鴨』(Caneton Tour d'Argent)這道美味佳肴後，鴨子取代了其他動物的地位，使得法國社會脫離了與動物園爲伍的飲食文化，並成爲『銀塔』至今的招牌菜。」

在特哈耶的命令下，這場既血腥，又充滿儀式化的「血鴨」表演開始。身穿黑西裝白領結的英俊侍者，搖身一變，成爲屠鴨手。將整隻光禿禿的生鴨子，截肢、去皮、剃肉，取出胸腔內臟部分，以手轉搾汁機，將血水盡數擠出；再以漏斗形狀的過濾器，將雜質與血水分離，以小火煮血水，加入馬德拉葡萄酒(madère)及干邑酒攪拌成濃稠狀，之後加入切片的鴨肉入調味醬汁，煮至入味。老實說，當我觀賞這場驚心動魄的演出時，是抓緊了椅背、屏住氣息才勉強看完。看完後，侍者還很得意地將這盤腥味尚濃的「血鴨」端到我面前，請我慢慢享用…。

我看著泛著冷冽笑容，優雅地抽著香煙的特哈耶，勉強吞下最後一口鴨肉。耳邊還縈繞著他的話：「自從日本天皇與皇妃一九七一年於此品嚐了我們的血鴨後，所有的日本客人都指名要吃血鴨…」。我邊看著這道曾讓日本天皇及數以萬計的日本觀光客鼻尖沾滿血跡的「血鴨」，邊不由地從背脊冒出寒意…。

贏得新世紀光環

●豪華的甜點「蛋白草莓杏仁甜餅、香草冰淇淋盒配酸甜紅果子醬汁」。
●精緻的糕點手繪圖案。（右圖）

廚師都紛紛展現光采，獨當一面，他除了監管法國餐廳外，也監管義大利、摩洛哥菜等餐廳，可謂「一夫當關、萬夫莫敵。」

一九九六年，在一百多名法國傑出的廚師競爭者中，脫穎而出，成為「銀塔」的新主廚。貝納坦承，在他的廚藝經驗中，最特別的莫過於在摩洛哥的經驗了。異國的文化，空氣中瀰漫了複雜奇特的香料味，使得他置身於一個完全陌生的世界，開啓他一個全新的味覺、觸覺與嗅覺的感官新經驗。粗獷又細膩溫柔的摩洛哥料理，更觸動了他敏感的心靈，與貝納的個性相結合，發展成今日的料理風格—充滿創意但表達方式清楚、料理手法精準近乎科學，完美的融合法式傳統料理與異國罕見的香料，百分之百純熟的技術及簡單地讓人訝異的料理程序；至於「甜點」，不是「好」，而是美味至極！

貝納的料理才能與溝通技巧，使得「銀塔」的特哈耶，逐漸在自己死守的鴨子菜單裏，開放出一片自由耕耘的

空間，貝納才得以在一片漫聲鴨叫中，建立起自己的釣蝦場。如酸甜爽口，來自越南菜靈感的「酸甜明蝦沙拉」（Gambas en salade aigre-douce）；口感香綿細緻的「青蘆筍香菇龍蝦千層酥盒」（Feuilleté de homard et asperges au sabayon de champignons）；名貴豪華的「餃子香芹佐青檸檬醬汁炒牛犢胸肉」（Ris de veau poêlé au citron vert & céléri）；甚或豪華的甜點「蛋白草莓杏仁甜餅、香草冰淇淋盒配酸甜紅果子醬汁」（Macaron à fraise，glace de vanille avec coulis aux fruits rouges）等，都是既富創意，又美味可口的佳肴。不過，喜歡旅行的貝納還不僅於此，他的下一站，將是年年舉辦世界美食評賞會的 RAFFLES 大飯店，代表法國參加一九九八年度的世界料理展，之後，他又不知道會有何驚人之舉…？

自西元一八八二年演出至今的「銀塔」，轉眼已經度過了四百多個年頭，然而，以白堊石頭覆蓋的「銀塔」，彷彿隨著時間的洗禮，在耀眼的月光下，綻放出日益耀眼的銀色光芒。

●香噴噴熱騰騰的瑪德蓮蛋糕。

充滿了歷史回憶的「銀塔」，是否將一如法國，立足現在，卻只嚮往過去光榮的一點一滴，隨著歲月的侵蝕，終將轉變為一座龐大的、供後人瞻仰默思的博物館？

所幸地，「銀塔」並不是只活在回憶裡。自從一九九六年四月以來，這位目光如鷹、活力充沛的新廚師—貝納‧紀歐丹(Bernard Guilhaudin)，肩負力挽狂瀾的使命—將「銀塔」失去的一顆星贏回！賦與她新的生命！

貝納的個人經歷相當不凡，他曾是法國料理界巨匠亞倫‧夏貝爾(Alain Chapel)的學生，早在當時，他已經展現做糕點的長才；在軍中時，他為糕餅主廚；二十四歲那年，他成為著名的藝術經紀人及賽馬場主丹尼爾‧溫登斯坦(Daniel Wildenstein)的私人廚師。這個嶄新的經驗，使得他接觸不同的文化，奠定了日後中西合璧的創作風格，創意也更趨於大膽自由。但是生性豪放不羈的貝納，仍希望擁有自己的餐廳，做自己的主人。六年之後，他開了自己的餐廳，並取了個奇怪的名字：「病貓」(Le Chat Grippé)，當時的美食評鑑《Gault Millau》賦與他15/20的評價。然而在維持了將近五年的時間後，貝納卻決定結束

營業，再度赴亞倫‧夏貝爾處進修一年。對一位已出師的人而言，這舉動無疑是破天荒之舉。當時，亞倫‧夏貝爾的餐廳已經成為全法國最好的餐廳，《GaultMillau》給與將近滿分的超高評價19.5/20，《米其林》也以三顆星的最高評價肯定。經過一年的磨鍊後，貝納接受當時巴黎赫赫有名的餐廳「蘿弘」(Laurent)的邀請，擔任主廚，僅僅一年的時間，贏回《米其林》失去的一顆星，並且獲得《GaultMillau》的17/20，成為當年美食界風頭最健的人物。但是，生性好動的貝納似乎不安於此，一九九四年，他又別枝另棲，這次換成豪華的「皇家摩梭飯店」(Hôtel Royal Monceau)，在那兒，他學習如何以人性化的方式，掌管將近三百人的龐大機構。三年後，老闆派他去摩洛哥馬哈克胥(Marakeech)的「馬牧妮雅皇宮」(Hôtel La Mamounia)，掌管料理兼組織、籌畫的工作。在他的掌管之下，許多年輕優秀的

●來自越南菜靈感的「酸甜明蝦沙拉」。

菲利普・路鳩德赫 *Philippe Legendre*

La Tradition est le plus beau fleuron de la cuisine Française.

圖片提供／Taillevent

「傳統」是法國料理最美、
最珍貴的資產。
～菲利普・路鳩德赫

●圓形大廳內，柔和如夢境的氣氛。圖片提供／Taillevent

大伊風(Taillevent)
《米其林》＊＊＊
《GaultMillau》18/20
地址：15, rue Lamennais 75008 Paris
地鐵站：George V
電話：01 44 95 15 01
傳真：01 42 25 95 18
單點組合（Carte）：800～900法郎
週末中午休息
32席

●單憑「外表」，全然無法想像是《米其林》評選為三星級的餐廳。

●收藏高達二百五十萬瓶的「大伊風」酒窖。

　　我一向不喜歡到人潮洶湧的香榭麗舍大道上吃頓正式的法國菜，一來是觀光客太多，根本失去了古典優雅的法式用餐氣氛；二來是為了討好觀光客，在法式美食餐廳中，還提供「可口可樂」、「啤酒」等飲料，讓我覺得有些「不搭調」。

　　自香榭麗舍大道步行十分鐘，避開繁華的商業中心，我不知不覺走到巴爾札克的故居—拉膜內(Lamennais)街道。他的銅像遺世獨立於小花圃中，寧靜的氣氛將我帶離喧嘩塵世…，我沿著街道往下走，不一會兒功夫，即來到「大伊風」(Taillevent)飯店入口。這間以中世紀最著名的法國廚師—紀樂梅(Guillaume Tirel，一三一○～一三九五)的別號「大伊風」命名，建於一八五二年拿破崙三世時代的飯店，原為財政官莫尼(Morny)公爵所有，之後數年間，為巴拉圭大使館所在，直到喬‧克勞德‧弗立納(Jean-Claude Vrinat)成為新主人為止。

●「大伊風」餐廳的菜單。
●山鷸式的烤鴿子（上）巧克力幻想佐百里香冰淇淋（左）布列塔尼海螯蝦什錦砂鍋（右）圖片提供／Taillevent

推薦菜單

♣

辛香茱配筍瓜花
Fleur courgettes aux herbes

蛋白螯蝦腸
Boudin de homard Breton à la nage

♠

水芹茱狼鱸
Bar de ligne au cresson

布列塔尼海螯蝦什錦砂鍋
Cassolette de langoustines Bretonnes

山鷸式的烤鴿子
Pigeon rôti en bécasse

♦

巧克力幻想佐百里香冰淇淋
Fantaisie au chocolat et au thym

●喬・克勞德・弗立納的美食哲學：當觀眾傑出時，演員才精彩！圖片提供／Taillevent

單看「大伊風」的外表，完全不能想像她會是《米其林》美食指南推薦的三星級餐廳。然而一旦進入其中，一張十八世紀出自博韋(Beauvais)的掛氈，垂掛在入口大理石花色的吧台後，立刻使我眼睛一亮。侍者們以親切溫暖的笑容引領我進入餐廳，圓型的大廳內，擺設著墨綠色的絨氈背椅，黃白相間的瑪格麗特點綴其間，牆壁掛著暖色調的抽象畫；而淺黃的透明紗窗簾，外罩古典式的鵝黃色刺繡緞布，隔絕了外界燦爛的陽光，也隔絕了殘酷的現實，室內的氣氛變得柔和如夢境…。頃刻間，我彷彿回到家中，心情很輕鬆、甚至是極度的自由…。

我坐在這間極為袖珍的餐廳中央，視線所及

處，盡是精緻的藝術品收藏，十七世紀佛蘭德斯(flamande)及十八世紀法國學校的繪畫；一張上漆的屏風，巧妙地遮蓋住廚房入口；珍貴的青銅器、瓷器及金銀器皿，陳列在古色古香的壁櫥內。更讓我眼睛一亮的是樓梯間壁龕內放置的威尼斯木雕像，及造型精巧的鐵製鉤花欄杆，扶搖直上二樓沙龍。

然而，完美的餐廳還需要完美的人為配合，如侍者、品酒師及廚師等，才能相得益彰。「大伊風」，就是這麼一家完美到幾乎無法挑剔的餐廳。每一家法國美食餐廳，都擁有他們的經營哲學，究竟「大伊風」主人─喬・克勞德・弗立納的經營哲學為何？為何他能在競爭激烈的法國美食界中脫穎而出，成為首屈一指的美食餐廳經營者？甚至連《米其林》都一反常態地，以他取代廚師的地位，登錄於指南中；一九九三年戈巴契夫偕同夫人訪法時，指名用餐的地點也是這兒；除此之外，「大伊風」還名列美國美食權威指南的十大必光顧的法國美食餐廳之一；一九九四年十月，他更與法國廚界明星喬埃爾・霍布匈(Joël Robuchon)合作，在東京成立一間名為「大伊風霍布匈城堡餐廳」(Château Restaurant Taillevent Robuchon)，使「大伊風」的盛名，漂洋過海…。

「道具」的設計,入口服務員的接待,膳食總管解釋菜單、建議客人點菜,品酒師建議酒單、醒酒與倒酒,及侍者「演出」的方式;甚至每道菜肴,在正式列入菜單前,都得經過他的「品嚐」,直到這道菜修改到讓他「滿意」為止!他的挑剔同樣表現在酒單上。從小被愛酒成性的父親及父親身邊的酒友耳濡目染,從買酒、品酒、選酒,到收藏好酒、製酒、開專賣店賣酒,喬·克勞德·弗立納派遣品酒師拜訪超過一千個酒莊,以多年的心得製成了這張僅兩大頁的「酒單」。如今,「大伊風」酒窖的收藏高達二百五十萬瓶,並擁有自己的酒莊。

餐廳內的表演,正以無比嫻熟的演技進行著⋯。膳食總管為我端來第一道菜「辛香菜配筍瓜花」(Fleur courgettes aux herbes)。這是道以略帶苦味的筍瓜(courgette)的花,內塞切成細丁的胡蘿蔔、筍瓜、各種切得細碎的辛香菜,再淋上略帶甜味的橄欖油及稍許balsamic醋,撒上鹽中之花(fleur du sel)及剩餘的辛香菜如香菜、薄荷等。這道造型可愛、口感豐富且具創意的菜肴,已經使我對菲利普·路鳩德赫的功力震驚不已,接下來的另一道「蛋白螯蝦腸」(Boudin de homard Breton à la nage)更是不在話下。打得如雪花般柔細的蛋白調醬,在口中輕觸著我的味蕾,優雅而細緻地在我心間跳起古典芭蕾;而烹調得恰到好處、熱呼

美食芭蕾舞劇

此時,從二樓緩緩走下來的,正是名震世界料理界的「大伊風」主人——喬·克勞德·弗立納⋯。他以好奇但頗為銳利的眼光打量著我,微笑而禮貌地對我略點頭,挺直的背脊,透露出他堅毅的個性;待聽罷我的來意後,便問我:「台灣是否知道『大伊風』?」我不經思索地搖搖頭回答:「等我出書了以後就知道了!」他哈哈大笑地轉身招呼其他客人,然而,他敏銳的眼光始終停留在我的身上⋯。

我毫不為意地點了「大伊風」的招牌菜,有些並未列在菜單上⋯。心想,能夠與喬·克勞德一起共事的廚師—菲利普·路鳩德赫(Philippe Legendre),一定要有兩把刷子才行⋯。

午後一點整,冷清清的大廳內,一下子熱絡起來,我的左右前後,以美語、日語、德語等外語交談,一時之間,我好像來到了聯合國。

我以興奮無比的心情觀望著場內點滴,膳食總管、品酒師、廚師、侍者等人,正以熟練輕快的步伐,在圓形的舞台上合跳隊舞,而穿著灰色西裝的喬·克勞德,則是這場完美「美食芭蕾舞劇」的幕後「導演」,以「微笑」監督著表演的每個環節。

從餐廳舞台的布置,食器、鮮花、菜單等

●「大伊風」餐廳全體工作人員。
●調皮的廚師，苦中作樂。

呼的螯蝦肉香腸，一與蛋白調醬撞擊，就溫柔下來……這一會兒冷一會兒熱的感覺，很過癮！好比洗三溫暖。另一道「水芹莖狼鱸」(Bar de ligne au cresson)可媲美「三個胖子」(Troisgros)餐廳的招牌菜－「酸模鮭魚」。

不過，最珍貴稀有的菜肴，莫過於這道「山鷸式的烤鴿子」(Pigeon rôti en bécasse)。盤中所盛的，並非真正的山鷸，此種嘴細長、味如魚肉的小鳥，早在多年前就被法國政府以保護稀有動物為名，禁止食用；但是好吃的老饕們，苦索枯腸，研究出替代的辦法，將味道相近的烤乳鴿對切，中間放置切得細薄的烤吐司，吐司上抹上厚厚的一層雅馬邑(armagnac)加鴿肝及濃縮的鴿肉汁調成的鴿肝醬，再搭配甜香馬鈴薯泥，是一道難得一見的佳肴。甜點中，以「巧克力幻想佐百里香冰淇淋」(Fantaisie au chocolat et au thym)最負盛名。不過，我個人最愛的還是他的季節性甜點拼盤(Farandole de desserts)，其中一道吃起來水嫩無比的「水蜜桃幻想佐馬鞭草冰淇淋」(Fantaisie aux pêches et à la Verveine)，更是好得超乎想像。

飄浮夢中料理

菲利普・路鳩德赫的料理，彷彿融入「大伊風」柔和如夢境的氣氛，細緻柔和、古典優雅，然而，他完美的料理手藝，卻來自兩個決定性事件的影響。

一九八九年，他掌廚「大伊風」的同時，接二連三地三椿打擊－他最親愛的家人如父親、岳母，及最好的朋友之子死亡，使得這位向來虔誠的天主教徒，成為「無神論者」，並自此以後，未再踏入教堂一步；另一椿則發生在一九九四年，他肩負著無比沉重的工作、家庭責任，某日，筋疲力竭地騎摩托車往回家的路上，一個念頭閃過心頭，他像瘋子般加速往闖紅燈的車子衝過去，結果一陣暈眩，只依稀聽到女人的尖叫及引擎的隆隆聲…。待回神後，發現自己跌坐在地，只折斷了腳踝骨，但突然間，他見到另一個「他」自身後出現，這「另一個他」，被帶往「另一個世界」…，頃刻間，他失去了重量，輕飄飄地，在天使羽翼的保護下…。

自這兩件事故後，他的創作變得更為「自由」、更為「輕盈」，他開始重視別人的感覺。為了連結及加強彼此的情感，他組織「驚喜的野餐」，如回程時，送二廚一頂機車安全帽；聖誕節時，送每個工作夥伴一把專業廚師刀等，然而，他始終無法在工作與家庭之間取得平衡，「當我女兒開刀住院時，我仍得待在廚房工作，這是我最深的遺憾！…我絕不讓我的孩子從事這個工作，因它需要太多的犧牲。」他難過地說。

「如果您不當廚師，您想從事什麼？」

「園丁！」說畢，他哈哈大笑。我覺得他是個頗懂得自嘲的人…。

喬・克勞德・弗立納在餐後親筆寫給我的這句話，完整地表達了他的美食哲學－「當觀眾傑出時，演員才精彩！」(Les acteurs sont bons, quand les spectateurs sont excellents.)。

只有最懂得欣賞的「觀眾」，才有可能激發如同「演員」的他們最好的演出，不是嗎？

亞倫‧巴薩德 *Alain Passard*

圖片提供／Alain Passard

「料理師」的喜悅，
全賴於大眾的狂熱崇拜！
～亞倫‧巴薩德

● 「琵音」裝飾節制精簡的內廳。

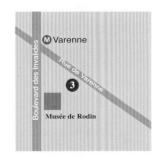

琵音(Arpège)
《米其林》＊＊＊
《GaultMillau》19/20
地址：84, rue Varenne 75007 Paris
地鐵站：Varenne
電話：01 45 51 47 33
傳真：01 44 18 98 39
套餐（Menu）：商業午餐320法郎，690法郎
單點組合（Carte）：700～1,100法郎
週末中午休息
12席

●距羅丹美術館僅一分鐘路程的廚界「永遠的沈思者」。

●象徵「琵音」的Arman雕塑作品「音樂」。

攤開法國大小餐廳的菜單，菜色種類雖繁多，但所使用的材料大多大同小異，不外乎螯蝦、扇貝、松露、鵝肝等名貴的材料。但是以一顆平凡無奇的「番茄」，就能夠打敗群雄，在競爭激烈地法國廚師界脫穎而出的，只有他一人。

火的沈思者

亞倫‧巴薩德來自布列塔尼島(Bretagne)，原為糕點麵包師父，後對烹飪產生興趣，決定前往巴黎重新學習烹調技術，師事「無酒不歡」的廚界前輩亞倫‧松德漢斯（Alain Senderens），習得法國傳統料理中至高無上的燒烤藝術。初入廚師界的巴薩德，曾在眾人的嗤之以鼻聲中，在冷水中做出名聞遐邇的「冷水燻雞」(Poulez de janzé au foin)；並將一顆平凡無奇的「番茄」灰姑娘，以二十年的時間，點化成絕世的仙杜拉。他與被稱為「天才廚師」的皮耶‧卡內（Pierre Gagnaire），同被尊為二十世紀法國廚界領導者。

從店名「琵音」(Arpège)所影射的走調、斷音、連續不斷的涵意開始，可知廚師本身的料理意念：即興、創意，追求自由與變化的可能。後來才從亞倫處得知，他的父親原本為音樂家，若非他的祖母路易絲‧巴薩德(Louise Passard)的啓蒙，他很可能走

● 「琵音」餐廳的菜單。

推薦菜單

香蔥冷熱雞蛋
chaud-froid d'oeuf à la ciboulette

佩秀一地燒烤鴨乾及檸檬棗子
Grillade de foie gras de canard du perche et dattes fourrées au citron

科林斯式烤扇貝
Grillade de coquilles saint-jacques à la corinthienne

黃酒核桃煎秀地螯蝦配綠甘藍菜
Homard de chausey et chou vert au vin jaune et huile de noisette

冷水燻雞
Poulez de janzé au foin

焦糖苦苣烤牛犢
Quasi de veau de lait grillé aux endives

十二種香味的糖醃番茄
Tomate confite farcie aux douze saveurs

●影響亞倫‧巴薩德甚深的祖母路易絲‧巴薩德肖像。

上跳傘運動員或音樂家之路…。亞倫記憶中的祖母，總是佇立在火堆旁，眼中既深沉又專注的表情吸引著他，一遍又一遍地凝聽她訴說著火的奧秘與料理世界中的不可思議…。他將祖母傳授他的燒烤技術，揉合得自音樂家父親的神秘直覺，使得他的料理總帶有令人不可思議的「完美」。

這位被喻為「廚界永遠的沉思者」，選擇位於以「沉思者」、「地獄門」等作品聞名於世的「羅丹博物館」(Musée du Rodin)斜對面，展開他的廚師生涯，是否也意味著他對料理境界的追求？

「琵音」的入口處極不起眼，經過好一番找尋，才發現這間外觀看來平凡無奇的 bistrot(小酒吧)，竟是米其林三星級的餐廳。我一進門即撞見了身材高大，著廚師服的男子佇立於電話旁，拿著聽筒等待對方的回音。我坐下來，環視餐廳內，除了入口處稍稍可稱「豪華」的玻璃雕飾吹笛少年與繆思女神外，廳內只有十二張鋪白布的餐桌；一幅加框祖母的照片；兩根被緊緊地綁在一起的香子蘭果實(gousse de vanille)，如筷子般地豎立著。但是，這種「精簡藝術」(minimal déco)裝潢，卻更能使我只專心於盤中物。

掛上話筒的男子轉身，我直覺他就是我幻想

中的巴薩德，眼神間有一股特別的氣宇，大大的雙手很優雅的擺放在兩側，那是一雙藝術家的手，製造出這麼多美好的事物。我不自覺地站起來，大聲而笨拙地問道：「您是否就是亞倫·巴薩德？」接著上氣不接下氣，一時間彷彿喉嚨間塞了一顆亞當的蘋果，竟說不出話來，望著眼前這位自我夢境中走出的人物，臉紅得不得了…。他似乎解讀了我的心緒，飛快地回到電話旁，抽出一張「琵音」的名片，瀟灑地簽上名字後遞給我，向我點了點頭，即向他的工作室一廚房走去。我一時連「謝謝」都忘了說，只是如洩了氣的皮球一般癱坐下來，望著空空的盤子發呆。

侍者端出一個小盤，盤上盛著一只暗藏玄機的雞蛋一「香蔥冷熱雞蛋」(Chaud-froid d'oeuf à la ciboulette)。蛋的頂端被敲開，稍煮過的蛋內，浮動的生蛋黃上撒了些許的細香蔥。左上方的小盤中，放著一片黑麥麵包及被縮小尺寸的「法國麵包」(baguette)。前端的玻璃小容器內則放置印有「琵音」（Arpège）店名的奶油。我用細長的法國麵包蘸著蛋汁，脆脆的麵桿飽吸了蛋

汁，再配上混於蛋汁中香香的細蔥與來自布列塔尼島上葛闌德(Guérande)一地，全世界最好的鹽一「鹽中之花」(Fleur de sel)。此鹽味道比一般的鹽要精緻，吃起來的口感既香又濃。一個普通

的雞蛋，在巴薩德的巧手下居然變成一只芳香四溢的金蛋。

不一會兒，侍者推來一張輪桌，桌上放置著一只銀製的盛湯大碗。他用銀製的湯匙，先將湯舀於獨立的淺底白色的圓湯盤中，再將四粒扇貝(pétoncle)餃子分置於湯盤內，以扇形排列開來。餃子的形狀是義大利式的，平而扁，通常吃時是一口吞一個。法國人的口味似乎比較重，餃子湯頭重鹽味，和中國的餃子清湯滋味全然不同。

即興演出的料理

橢圓盤盛著的「科林斯式烤扇貝」(Grillade de coquilles Saint-Jacques à la corinthienne)是巴薩德的招牌前菜(entrée)，光看已經是無上的視覺享受了。白底的盤為背景，襯著棕色的葡萄調醬，乳黃色的花椰菜口味的稀釋奶油，綠色的打碎的水田芥泥；中央平行地放置表面微煎成金黃，切得細碎的香菜撒於其上的三粒「扇貝」，宛如一幅米羅的抽象畫，充滿了流動與活潑的感覺。盤中的熱氣中溢著淡淡的葡萄香甜，花椰菜奶油流露著暖意，我舀了一匙調醬嚐一口，葡萄的微酸混合花椰菜奶油的柔細，香氣、口感十足；再切下一塊扇貝蘸一點調醬及水田芥菜泥來吃，

芥菜泥的清香與扇貝的鮮嫩，與又酸又香甜的調醬相輔相成，配合得恰到好處。透過三粒扇貝帶來的味道，是吃過一次即永生不忘的「海的味道」。我幾乎是每嚐一口就驚嘆它背後無與倫比

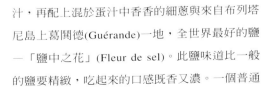

的完美巧思。

　　巴薩德的料理方式，尊重每樣使用材料的自然原味與質感本身的不同，整盤菜所顯示出的，是一種「完美」。他成功地凸顯每樣材料元素的個性並巧妙地加以結合，製造出神奇的一刻。每一盤菜都有不同的特質，如同爵士音樂家的演奏，沒有哪回的演出絕對百分之百的相同。料理中的「即興」部分：調味、切功、火候、時間、廚師的心情，宛如畫家的「最後一筆」，對整個作品的呈現似乎有絕定性的影響。

　　在等候下一盤驚喜來臨的空檔時間，我像獵人般縝密地觀察餐廳內的食客。一如往常地，我發現很多日以繼夜忙碌的商人，藉著飲食來尋找片刻心靈的滿足與肉體的休憩；鄰桌坐的是一對共度了二十五個結婚紀念日的老夫婦，每年的結婚紀念日，孩子請他們到法國三星級的餐廳大吃一頓慶祝。丈夫專心而緩慢地吃著，妻子則不斷

●參透火的奧秘，巴薩德被喻為「火的傳人」。

地說：「這道菜實在太好吃了，簡直是絕妙之品！」滿足之情溢於言表；稍遠處，法國新浪潮導演楚浮(François Truffaut)晚年的最愛—有名的女演員芬尼·亞頓(Fanny Ardent)也在此用餐，歲月似乎未摧毀她的美麗，反而增添她的智慧。

化腐朽為神奇的超現實

　　等候了約一個半小時後，侍者恭敬地端出一盤表皮烘烤成金黃色的小牛腿，請我過目後解釋道：「這盤菜需要慢工才能烤出細緻的原味。」之後卻又原封不動的捧回廚房，我望著遠去的小牛腿，差一點昏厥。隔了好一會，侍者才又端出這盤費時一個鐘頭有餘的「焦糖苦苣烤牛犢」(Quasi de veau de lait grillé aux endives)。我以名貴的christofle無齒切肉刀切下一塊，蘸上肉汁調醬放入口中品嚐，口感的確異常細嫩鮮美；再切一段配菜「焦糖苦苣」，驚訝的是巴薩德毫不在

●名聞遐邇的「冷水燻雞」。

●「琵音」最喜愛的布列塔尼龍蝦。
●融合北非couscous小米靈感的「螯蝦couscous」。（右圖）
●以馬鈴薯及雞球菌為主材料的美味沙拉。（下圖）

乎的保留了苦苣中的苦味，混合了焦糖的甜，似乎「苦味」本身也變成一種「優雅」，一種人間至高無上的美味…；兩瓣煎過的紅蔥頭孤零零地置於盤緣，與馬鈴薯泥的獨立相互映照。我很小心滿足地吃著，邊吃邊思考的結果，不覺中又過了半個小時，原本熱熱的菜，冷卻下來。侍者突然把遊於美食太虛幻境的我驚醒說道：「巴薩德先生說，妳吃飯所花的時間和他做飯所花的時間快不相上下了，菜一定涼了，我們這裡的規定，超過三十分鐘還沒吃完的話，我們免費換上另一道。」我沉默地點點頭，侍者又把菜盤端走了。我重新開始等待，很幸運地，這次三十分後，侍者端出來一盤鴨肉。鴨腿皮的顏色泛著金黃，香氣撲鼻，整體的感覺仍是如此優雅，鴨腿似乎在盤中站立起來，繞著餐廳飛奔…。這回的醬汁與上回大致相同，都是加上松露烤出來的肉汁；但是，鴨皮因含很厚的油脂，使用無齒切肉刀，切肉時竟然有些吃力…，無力切開鴨胸肉，我只好再度望盤興嘆！只是，這回，我是自動放棄。

一位在冷水中做出燻雞的超現實主義大師，沒有個人的食譜出版。然而，巴薩德的料理充滿了綿長的省思，品嚐這個「過程」，轉換為一種心靈情感的溝通。剎那間，牛犢肉片不再是牛犢肉片，苦苣也不再只是苦苣，彷彿一幅馬格利特(Magritte)的超現實畫：「這不是一隻煙斗」，轉

化為一種抽象的符號。四十歲的巴薩德懂得不再把「龍蝦」看成僅是龍蝦，還有其他的可能…。

甜點之前，一如往例的是法式的乳酪（fromage）時間。推著琳瑯滿目全國各地最好的冬季乳酪推車出來的侍者，非常有禮貌地先向我介紹這些乳酪的地區及大致上的口味，再請問我選擇那一種。老實說，自以為對乳酪懂得不少的我，這回可真是有點傻眼了。面對這麼多「沒看過」，更不要說吃過的乳酪，真恨不得每一種都嚐一口。興奮的我一下子忘情地手指了好幾道，頃刻間，我的盤中充滿了五顏六色的乳酪；我由味道淡的先吃，循序漸進。通常法國人吃乳酪時，配上葡萄酒或核桃麵包食用；酒則有多種選擇，有些乳酪還得配上橄欖油或水果一起食用。

●自製的法國小人國麵包。
●亞倫‧巴薩德的「香子蘭果實」木雕。（下圖）

侍者又出現，這回端來一盤「青檸檬調醬的千葉塔」(Mille feuilles praliné au citron)。這盤甜點雖沒有其他菜看視覺上那麼好看，當刀叉落下時，卻令人驚奇麵皮如秋葉般的觸感，第一次接觸的口感：異常的柔軟，青檸檬調醬帶著淡淡的酸甜，有著無限的初春氣息。

在漫長的等待下，巴薩德打敗法國廚界，至今無敵手的那一顆「番茄」終於出現。混著「十二種香味的糖醃番茄」(Tomate confite farcie aux douze saveurs)的晚會主角，在香草冰淇淋和橘子調醬的配角陪伴下，緩步隆重地登上我桌面的盤子舞台。冰冷的冰淇淋碰到熱情的番茄也情不自禁地融化在酸酸甜甜的橘子焦糖愛河裡。帶有中東風味的醃番茄，以薑、肉荳蔻、丁子香花蕾、薄荷、黃連木的果仁、榛子、核桃混合的煮汁醃成，配上蘋果、梨肉、青檸檬及橘子汁，吃來冷熱兼具、酸甜苦辣（薑的辣味）樣樣俱全。真是一道無人能出其右的傑作。

巴薩德所演奏的薩克斯風樂曲，既有巴洛克式的甜美，又有爵士的即興，間或加入艾利克‧沙地（Eric Satie）的神來之筆（如在歌劇中加入打字機的聲音），令人窒息的甜美與驚人的爆發力所產生的心靈共鳴，卻以節制嚴格的再森教派(janséniste)的手法表現出，這種充滿感情與思考

的料理，法國藝術界中，大概只有電影藝術大師布列松 (Robert Bresson)可與之匹敵。

用餐接近尾聲時，只見身軀高大的巴薩德自廚房門出現，優雅地遊走於桌間，臉上掛著謙虛的微笑；他仔細地觀察每個客人的反應，聽取他們的意見。當他很小心地在巡視完十一桌後對我說：「妳真的很能吃。」的確，我已經不知不覺間吃了六、七盤菜。

後來和他較熟後，某次參觀他的辦公室才得知，他除了擅長料理外，也是位傑出的裝置藝術家，餐廳裏有件奇怪的作品，就是出自其手；他還很得意地拿給我看他剛燒好的一粒粒「銅」松露，並說下一個研究主題將是「龍蝦」。我邊望著被截成數段的法國美食寶典《米其林》(Michelin)，邊想像這位多才多藝，自言「火的料理人」的當代法國大廚。期待著另一次的巴薩德經驗，另一次的味覺、視覺與交感神經的「超現實」。

紀·馬丹 *Guy Martin*

La cuisine est un chemin, un aller-retour incessant entre l'invention et la réalisation, entre l'idéal de la sensation et la réalité des produits ; c'est un formidable moyen d'expression et de partage.

Guy Martin

Le Grand Véfour 23.07.98

料理是一條漫長的路，是介於創造與實踐、

感官理想與產品現實之間的一條永不休止的來回；

它是美妙至極的表達與分享的方法。

～紀·馬丹

●衣香鬢影、富麗堂皇的「大菲弗」餐廳。

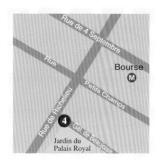

大菲弗(Le Grand Véfour)
《米其林》＊＊
《GaultMillau》18/20
地址：17, rue de Beaujolais 75001 Paris
地鐵站：Bourse
電話：01 42 96 56 27
傳真：01 42 86 80 71
套餐（Menu）：商業午餐335法郎，750法郎
單點組合（Carte）：700～900法郎
週六及8月休息
25席

●喻為巴黎最美的餐廳—「大菲弗」之外觀。

跨過皇宮(Palais Royal)御花園四周的鐵欄杆大門，穿過漫長的花園大道，我遠離了巴黎的塵囂，來到座落於皇家劇院 (Théâtre Palais Royal) 對面，這間被紀‧馬丹(Guy Martin)喻為「巴黎最美的餐廳」—「大菲弗」(Le Grand Véfour)。寧靜的大廳內，陳列著以打獵、季節與美食為主題的繪畫，被不透明的玻璃保護著，以隔絕陽光、灰塵或煙害；映著昔日光輝燦爛的玻璃鏡，因歲月的侵蝕而蒙上一層斑駁，散發著些些古意。我在侍者的引領下，來到標示著「喬治‧桑」(George Sand，一八○四～一八七六)名字的座位，桌上小巧雅緻的白色花瓶中，插著我最愛的紅、黃、粉三色玫瑰，以

●「大菲弗」至今仍有喬治‧桑的「定位」。

喬治‧桑的「雙手」為主題創作的白色煙灰缸，為多才多藝的詩人、畫家、劇作家兼導演—考克多(Jean Cocteau，一八八九～一九六三)的作品，表達對這位世紀才女的敬意。花瓣飄落在我面前的煙灰缸裡，彷彿是喬治‧桑對我的呼喚…，恍惚間，我跨越了時空，來到一七八九年…。

衣香鬢影的歷史原貌

驚天動地的法國大革命降臨的前夕，寧靜一如往常的清晨，當第一道陽光劃過樹叢，悄然落在剛落成的皇宮御花園的愛神雕像上，寂靜無聲的中庭突然間活躍起來，調皮的雲雀為貌美的愛

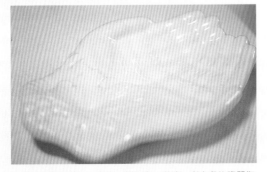

●多才多藝的詩人、畫家、劇作家、導演—考克多的瓷器作品「世紀才女喬治‧桑的雙手」。

●世紀才女喬治・桑在的「大菲弗」的座位。

推薦菜單

♣

松露奶汁佐鵝肝餃

Ravioles de foie gras，crème truffée

罌粟粒煙燻奶汁半生鮭魚茄子凍

*Saumon mi-cuit en terrine, lait fumé aux
graines de pavot*

♠

雷夢湖魚

Poisson du lac Léman

馬鈴薯松露牛尾

Parmentier de queue de boeuf aux truffes

♥

朝鮮薊圓餡餅

Tourte aux artichauts

玫瑰香草、洛神花、巧克力蛋塔

Crème vanille rose, ambrette，chocolat

青檸檬冰糕配巧克力鳳梨蛋餅

*Ananas à la badiane et mousseline à la
poudre d'écorce de cannelier*

●「大菲弗」餐廳的菜單。

神吸引，停佇在他的指間，癡情地等待他的甦醒；身著黑色小禮服的「夏特咖啡廳」(Café de Chartres)侍者，井然有序地將桌椅排放在走廊，夏特公爵(Duc Chartres)一如往常地，在廳內清點昨日的帳簿；廳外，被緊身胸衣窒息地快透不過氣來的貴族千金們，頭頂著重達五公斤的假髮，纖腰拖著支架撐起的圓裙，手持小陽傘、握緊扇子，氣喘如牛地，分別自以夏特公爵的三子命名的薄酒來畫廊(Galerie Beaujolais)、法羅瓦畫廊(Galerie Valois)及莫本斯耶畫廊(Galerie Monpenssier)蜂擁而至；瑪麗皇后也在幾位宮廷侍女的簇擁下翩然來到；衣冠楚楚的貴族，為了一吻淑女纖手，也迫不及待地加入女仕的行列；樹蔭下，隱藏在畫架後的法格納(Jean-Honoré Fragonard，一七三二～一八○六)，將人性中最優雅的瞬間，轉化為一幅幅男歡女愛的場面…。

午夜時分，緊鄰「夏特咖啡廳」的「皇家劇院」剛散場，尚未卸粧的演員們，相偕來此喝咖啡，意猶未盡的戲迷則緊緊跟進，深怕錯過任何一個場外加演的機會…。被花園四周的高牆圍

住，與世隔離的紳士淑女們，並未沾染上半點外界「革命」的氣氛，依然故我、悠哉地吃著平生最後一客「水果冰糕」(sorbet)…。

歷經血腥的法國大革命後的「夏特咖啡廳」，慘遭破壞，幾經轉手，到了喬‧菲弗(Jean Véfour)手中。他重新整修，回復她富麗堂皇的原貌，將原先的咖啡廳改為美食餐廳，並以自己的名字「大菲弗」命名。為了發後人思古幽情，「夏特咖啡廳」的招牌被完整地保留下來。拿破崙(Napoléon Bonaparte，一七六九～一八二一)在此款待約瑟芬(Marie-Josephine，一七六三～一八一四)後，「大菲弗」便名聲遠播，成為巴黎最受歡迎的餐廳，每日營業高達二百席。為法國美食主義奠基的作家兼行政官布里亞‧薩瓦蘭(Brillat Savarin，一七五五～一八二六)及被喻為「美食文學之父」的葛利莫‧都‧拉‧雷尼耶(Grimod de la Reynière，一七五八～一八三七)，都是常客…。

我再度穿越時光隧道，來到「第二帝國」(一八五二～一八七○)時代。此時的「大菲弗」餐廳已成為政治家及藝術家聚集之地。三十三歲的喬治‧桑，在文壇已頗有名氣，經友人的介紹，認識了蕭邦(Frédéric Francois Chopin，一八一○～一八四九)，礙於世道，在此秘密幽會，蕭邦去世後，悲痛欲絕的她，時常獨坐於此，回憶過往的點點滴滴；生性活潑的奧芬巴哈

(Jacques Offenbach，一八一九～一八八○)，在創作輕歌劇作品—「巴黎生活」(La vie parisienne)時，率領眾女舞者，大喇喇地在桌面跳起劇中一段舞蹈，一日之間，成為巴黎的風雲人物，被貫上「香榭麗舍的莫札特」封號；即將赴戰場的雨果(Victor Hugo，一八○二～一八八五)，亦與幾位好友在此舉行餞別宴…；好吃的大仲馬(Alexandre Dumas，一八○二～一八七○)乾脆將此地當成他家的飯廳…。直到今日，座位上仍保留這些人的名字，似乎他們足跡從未曾遠離…。

二十世紀初，此地成了交際名花與上流社會紈褲子弟競相出現的交際場所。當時最有名的交際花—卡洛琳(Caroline Otéro)就曾在眾多身份「高貴」的愛人眼前，跳上粉紅色的大理石桌，以雙手支撐著身體，表演了數次360°的大翻轉，使得這些衣冠楚楚的士紳們，拋開束縛以久的禮教，跟隨著她一起大跳康康舞。開香檳時的清脆聲不斷，人們在此日夜笙歌，直到被一九一四年的第一聲砲聲驚醒…。然而，「大菲弗」沉睡在過往的光榮與傳奇裡，絲毫未受外界戰火的騷擾，直到巴黎完全自大戰的夢魘中甦醒，此時已是一九四八年…。

創作者的美食天堂

「大菲弗」再度異主，路易‧丰大伯(Louis

●「大菲弗」餐廳內一景。

Vaudable)成為這所歷史餐廳的新主人。很快地「大菲弗」再度成為倡導「超現實主義」(surréalisme)的考克多、路易斯‧阿拉岡(Louis Aragon，一八九七～一九八二)，「存在主義」的沙特(Jean-Paul Sartre，一九〇五～一九八〇)、西蒙‧波娃(Simone de Beauvoir，一九〇八～一九八六)，女作家考蕾特(Sidonie Gabrielle Colette，一八七三～一九五四)，及本世紀最出名的演員、劇作家兼導演薩夏‧吉特利 (Sacha Guitry，一八八五～一九五七)等藝術家聚會討論、尋訪寫作靈感的場所。考克多甚至天天在此用餐，而住宅就在「大菲弗」附近的考蕾特，乾脆點菜在家中享用；其間，兩名藝術家更與在「大菲弗」掌廚將近三十六年的雷蒙‧奧利非(Raymond Oliver，一九〇九～)結為好友，雷蒙甚至在一九八三年出版了一本《菲弗的朋友》(Les Amis du Véfour)，以紀念他們的友誼。

除了文學家、藝術家以外，此餐廳亦是許多政要大臣的最愛，除了慕料理之美名前來外，更重要的是，全餐廳上下緊守一金律：絕對不對外曝光顧客名單！使得此地如同巴黎最隱密的幽會地點，對只想帶秘密情人享受一頓浪漫燭光晚餐，卻不想成為日後醜聞焦點的知名人士，無疑為最理想的地點。例如前法國總理密特朗(François Mitterrand)，直至其去世，法國的《Paris Match》雜誌才公開他與私生女在此進餐的照片。因其隱密性，歷代的政治領袖也在此商討國家大事，如革新派的密特朗與保守派的季斯卡(Giscard d'Estaing)兩人的歷史性對話，也在此進行。這些難忘的名人軼事，成了後人茶餘飯後的話題。一九八四年，世界首屈一指的香檳集團TAITTINGER，成為「大菲弗」的新主人。然而，這些都比不上這位面貌姣好如愛神，來自薩瓦(Savoie)，做料理如同彈電吉他，創意無人能出其右的的料理師—紀‧馬丹。他的崛起過程有如一則童話。

無心插柳的電吉他愛神

一九五七年，生於布駒‧聖摩里斯(Bourg Saint Maurice)的他，如同薩瓦大多數的青少年，喜愛歌唱、划雪，閒來無事，喜歡與三兩好友一塊兒彈電吉他唱歌。很早就在音樂領域展露頭角的他，從未想過會走上「料理」這條路，唯一的料理經驗是在「披薩店」當小弟，因為「友誼」而追隨兩位同伴改走「旅館業」，其後連續八個月，每天下班後，漏夜在「Yan」法國餐廳內學習古典的法國料理技術。從未進入料理學校的他，壓根兒沒想到，從此會一腳踏上星光燦爛的廚師生涯。

二十四歲即成為美食與高級旅館權威指南《Relais & Châteaux》中，位於薩瓦的三星級

●「電吉他愛神」紀‧馬丹在料理時的神韻。

飯店「Château de Coudrée」的主廚。此後，幸運女神關愛的眼神，就一直沒有離開他。一九八五年獲《米其林》一顆星賞，一九九○年獲二顆星賞，一九九一年，攀登事業高峰，成為「大菲弗」主廚，一九九四年出乎意料地擊敗眾多候選人，擠入神秘的「百人美食俱樂部」(Club des Cent)及「法國精緻美食公會」(Chambre Syndicale de la Haute Gastronomie Française)，成為成員之一；美食評鑑《GaultMillau》給予他17/20的評價；另一美食評鑑《Champérard》同年錦上添花地選他為該年度最年輕有為的廚師，那年，他僅三十七歲。一九九五年，他獲選《普羅夫斯基》

(Pudlowski)美食指南該年度最傑出廚師，並成為「傳統與品質」(Tradition & Qualité)協會會員及「大菲弗」的總裁。一九九七年，他更以《美食食譜》(Recettes Gourmandes)一書，獲得「美食及歷史俱樂部的文學獎」，並以該書獲頒贈「文藝騎士獎章」(Chevalier dans l'ordre des Arts et des Lettres)。

他自言：「因自己的親身經歷，使得我深信，世間沒有任何夢想是不可能實現的，但要誠實面對自己。人的一生就如同一顆往牆壁射擊又彈回來的子彈，必需發射出『積極』，才會回收積極。以充滿愛的心情，努力並智慧地耕耘理想，總有一天，會收取豐盛的果實。」

紀‧馬丹認為，料理在法國，與文化、家庭教育與大自然相結合，有很深的草根性。只要對

●源於對祖母料理的懷念的「薩瓦薑味蛋糕」。圖片提供╱Le Grand Véfour

天，我感到疲憊，失去了『真誠』與『動機』，我會立刻離開現在的崗位。」

　　他的創作思考方式相當特殊…。有的是為了打破窠臼，將食材本身的原始語言，轉換成另一套嶄新的、不確定的語言。例如「九層塔及甜椒油酥餅配甜椒冰糕及茴香、檸檬等混成的果醬」這道甜點。原本剛開始，他想以「甜椒」為主角出發，製作一道甜椒濃汁，結果因甜椒的味道太濃而不盡理想，遂改以「甜椒冰糕」(sorbet au poivron)代替；為了尋找互補的材料，他又逐漸往地中海一地，思索可能性，結果找到了「九層塔、番茄、甜椒」和諧的搭配。因為品嚐冰糕時會融化，他選擇鬆脆，嚼起來發出嘎茲嘎茲響聲，且熱呼呼的「九層塔油酥餅」(sable au basilic)來搭配；但是，在「甜椒冰糕」與「九層塔油酥餅」之間，仍缺少連繫，他左思右想的結果，加入了以檸檬、葡萄柚、柳丁、枸櫞混合成的果醬，並添加些許茴香豐富嗅覺；就成了這道純以「蔬菜」為主要食材，所製成的別緻甜點，在當今世上可算是無人出其右了。

生於薩瓦Bourg Saint-Maurice鄉間的他，對薩瓦文化的熱愛及兒時對祖母及母親料理的懷念，推動他日後成為復興傳統薩瓦料理的旗手。如膾炙

自己從事的料理工作，有很深的情感與熱情，投入時間與學習，就算不是法國人，也能做出真正的、好的法國料理。如瑞士及日本的幾位廚師，來到法國學習法國料理，記住法國料理的「味道」，有了評估的標準，就等於入門了！他每年應邀到日本做觀摩教學，剛開始時，日本廚師完全無法掌握真正的法國料理內涵，也沒有吃法國美食的機會，然而，幾年下來，他們已經士別三日，刮目相看。

　　生性愛好自由、喜歡旅遊的他，始終保持開放的心靈。「料理」對他如同「遊戲」，而非「工作」；就如同畫家、音樂家創作，從未計算工作的時間，因為對他們而言，這並非工作，而是表達感情…。他堅決地對我說：「如果有一

●靈感來自御花園內黑白相間的高低圓柱的「青檸檬冰糕配巧克力鳳梨蛋餅」。

入口的「薩瓦薑味蛋糕」(Gâteau de Savoie)，源於對祖母料理的懷念；十五世紀時，因薩瓦公爵阿梅得八世(Amédée Ⅷ)的政治影響力，得以自義大利輸入當時少見的香料，形成當時法國最精緻的料理，當時阿梅得八世的私人廚師—契括(Chiquard)所留傳下來的代表性荣肴「Rosséoles d'Amédée Ⅷ」，是以薄金紙，包辛香豬肉及乾果為餡的三角鬆脆奶油酥餅。就連大廳中央的乳酪推車盤上，都放著各式各樣來自薩瓦的乳酪，其中尤以來自二千公尺以上高山的「Termignon藍黴乳酪」(bleude Termignon) 最為特別。我在侍者的慫恿下，試過一小塊味道後，一時之間心肌梗塞，差點說不出話來，過了好一會兒，才勉強擠出這句話：「難以忘懷！」那些睜大眼睛，靜後佳音的侍者們，聽了笑成一團…。究竟箇中滋味如何，請您們自己想像了…。

自學而成的他，並未受到學院派思考方式的限制，而是以完美的技藝，配合天馬行空的想像創作出一盤盤精品。嚴格說來，紀·馬丹的料理並非以視覺、香味取勝，貌不驚人的荣肴，卻包含了大膽新鮮的創意。將不同軟硬程度的質材、溫度冷熱對立的各式食材加以組合，形成綿密細膩的口感，給予我意想不到的驚喜。

如我最讚賞的「罌粟粒煙燻奶汁半生鮭魚茄子凍」(Saumon mi-cuit en terrine，lait fumé aux graines de pavot)，口感柔和細緻，來自科西嘉(Corse)

●「馬鈴薯松露牛尾」。圖片提供／Le Grand Véfour

島的鮭魚肉之鮮美，無與倫比，被口感不同，但口味同樣獨特的茄子凍包裹，無疑是至今吃過最

●法國餃子經典之作「松露奶汁佐鵝肝餃」。

●口感柔和細緻的驚奇作品「罌粟粒煙燻奶汁半生鮭魚茄子凍」。
圖片提供／Le Grand Véfour

●無人能出其右的招牌蔬菜甜點「朝鮮薊圓餡餅」。

讓我驚奇的法國料理。此外，狀似平凡無奇，但口味極其豐富細膩的「馬鈴薯松露牛尾」(Parmentier de queue de boeuf aux truffes)，則為向馬鈴薯的推廣者─帕蒙提耶(Parmentier Antoine Augustin，一七三七～一八一三)致敬的作品，建議您搭配口感同樣圓潤柔和的Les Dames de Viand-1994，會讓您獲得雙倍的喜悅。義大利的餃子雖然名滿天下，但是，如果您尚未嚐過紀·馬丹的「松露奶汁佐鵝肝餃」(Ravioles de foie gras，crème truffée)，就不算嚐過真正的法國料理。除此之外，他出人意表的招牌甜點──以小胡蘿蔔、芹菜、韭蔥各式蔬菜加茴香，配微帶苦味的杏仁冰淇淋做成的杏仁蛋餅「朝鮮薊圓餡餅」(Tourte aux artichauts)；或是色、香、味皆不同的絕對女性化的甜點「玫瑰香草、洛神花、巧克力蛋塔」(Crème vanille rose，ambrette，chocolat)；或靈感來自御花園內黑白相間的高低圓柱的「青檸檬冰糕配巧克力鳳梨蛋餅」都別錯過。

　　離開餐廳前，我以感動的心說出：「您的菜肴真是美味極了！」那一刻，紀·馬丹疲憊不堪的臉頃刻間如陽光般亮麗起來，迷人的愛神微笑再次浮現在嘴角，我的心，在充滿歷史回憶的「大菲弗」裡，演奏起幻想曲來…。

多明尼克・布雪 *Dominique Bouchet*

對我而言，料理需要愛

及熱情爲顧客服務。

～多明尼克・布雪

●「大使廳」的主管羅倫，詳細地為客人解釋菜單內容。

Rue Boissy Anglas
Rue St-Honoré
Hôtel Crillon
5
Rue Royale
Ⓜ Concorde
Pl. de la Concorde

克理戎飯店（Hôtel de Crillon）中的大使廳（Les Ambassadeurs）
《米其林》＊＊
《GaultMillau》17/20
地址：Hôtel Crillon,10 pl.Concorde 75008 Paris
地鐵站：Concorde
電話：01 44 71 16 16
傳真：01 44 71 15 02
套餐（Menu）：商業午餐340法郎，620法郎
單點組合（Carte）：800～900法郎
140席

●面對「協和廣場」及埃及方尖紀念碑的「克里戎飯店」。
圖片提供／Hôtel de Crillon

　　我坐在「克里戎飯店」(Hotel de Crillon)「大使廳」(Les Ambassadeurs)靠窗的位子，眺望著「協和廣場」(Place de la Concorde)。這座巴黎最著名、最大的公共廣場，由當時最著名的建築師賈克・安菊・卡布里耶(Jacques-Ange Gabriel，一六九八～一七八二)建於一七五七～一七七七年間，最初目的是為路易十五世(Louis XV，一七一○～一七七四)搭建一座個人的居家住所，但是龐大的財政開支導致民怨，最後竟使得此處成為巴黎市民暴動的集聚地及貴族的屠宰場；一七九三年一月二十一日，法國的末代皇帝路易十六，當眾被斬首，至此展開一段腥風血雨的恐怖時代；然而，歷史的恐怖記憶如今卻被花園、噴泉、綠地及美術館取代；廣場上放置了八座代表法國大城市的雕刻、一座象徵「富饒」的噴水池，中心則樹立了一座由埃及總督於一八三六年贈與查理五世的方尖紀念碑(Obélisque)。這個廣

●「大使廳」餐廳的菜單。

● 美侖美奐的「大使廳」。圖片提供／Hôtel de Crillon

推薦菜單

♣

貝列斯鴨乾配蝦醬
Parfait de Foies blonds de Volaille de Bresse au Coulis
d'ecrevisses

松露凍韭蔥白配酸醋調味新鮮辛香蔬菜
Terrine de blancs de poireaux en gelée truffe,
vinaigrette aux herbes fraîches

奶油甜蘆筍燻鮭魚凍佐辛香菜
Bavaroise d'asperges，turban de saumon fumé
et salade d'herbes folles

松露碎屑汁燉春季蔬菜
Etavée de légumes de printemps aux brisures de truffes

番茄蜘蛛蟹肉
Charlotte de tomate et araignée de mer

♠

細香蔥螯蝦馬鈴薯泥圓形薄肉片佐魚子醬奶皮乳汁
Médaillon de homard à la civette, pommes de terre ratte,
fleurette au caviar

鬆脆乳豬佐以半鹽奶油浸泡的馬鈴薯
Croustillant de Cochon de Lait,Pommes de Terre confites au
Beurre Demi-sel

黑橄欖煎麵包佐快煎火魚配糖煮番茄檸檬柑桔
Minute de rouget, pain perdu aux olives noires, compote de
tomates aux agrumes

♥

新鮮百里香花巧克力冰淇淋
Truffe glacée à la Fleur de Thym frais

場命名為「協和」，大概是希望過去的屠殺慘劇不要再發生，當然也帶些諷刺的意味。

藝文美食特使

這位外套領子上，別著閃亮「金鑰匙」的「克里戎飯店」的門房總管—克里斯提維‧菲鴻(Christian Féron)，於一九七八年成為飯店門房。歷經世事的他，剪接精彩的回憶對我說：「一九九七年十月召開『法語國家聯盟會議』，當時我一個鐘頭內，見到二十七位國家級的領袖進出飯店…。二十世紀初的名門望族，出門旅行從不帶大包小包的行李，飯店就像『別居』，氣氛好比家中，見到老僕人、老總管，都會問候寒暄一番，並且一住就一、二個月，如今這樣溫馨的場景已不再；客人來來往往，從這個飯店移動到另一個飯店，很多客人都只是擦身而過，連禮貌性的招呼問候都省略了…。不過，在這樣的飯店裏，各式各樣的新鮮事倒不少。有次一位客人進飯店，就神色緊張地問我這裡是否有像倫敦的Sold Bus的『古董拍賣公司』，因為他想找一幅羅特列克(Henri de Toulouse-Lautrec，一八六四～

一九○一）「馬戲團」系列的畫。我當時傻了眼，一時說不出話來。後來不知跑了多少地方、打了多少電話，才意外地在某個沒落的貴族家中找到這幅「空中雜耍演員」（Tapéziste）⋯。臨走前，客人興高采烈地抱著我又親又喊說：『巴黎！我愛妳！』」

我不禁好奇地問他，是否他主要的工作就是「私家偵探」兼「宅急便」？他搖搖頭說：「我最主要的工作是介紹所有巴黎的藝文活動，包括好的餐館。所以，我每天都得花上好幾個鐘頭的時間參觀博物館、逛畫廊、看表演，甚至吃上好幾次巴黎最好的餐館，評鑑其好壞，並定期發通訊給顧客，供他們做為文化活動的參考。」

我聽罷不勝羨慕，原來一個大飯店的門房，還有這等「特權」，可以每天沉醉在藝文、美食的世界裡。我發現還不僅止於此，「大使廳」的主管羅倫（Laurent Vanhoegaerden），也是位雕刻、繪畫與現代詩的愛好者，常常為客人推薦當代最好的詩作，如魁北克的詩人艾米爾（Emile Nelligan），即為他的最愛；年輕時，甚至還發表過一篇劇作。後來我又訪問了幾家飯店，大多也有提供這項「文化」的服務，法國被稱為「藝術文化之國」，真是其來有自。

畫圓築夢之旅

在這個充滿了歷史回憶，並且人才濟濟的飯

店中當主廚，對多明尼克‧布雪（Dominique Bouchet）而言並不陌生，這和他的個人經歷有關。

這位來自鄉村的農夫之子，八歲就立下成為「廚師」的志願，不顧父母的反對，他毅然決然地踏上這條不歸路；十三歲時，他開始在一家小型餐廳當學徒，廚房一共才四個人，四年下來，磨練出一身紮實的古典料理工夫；十七歲那年，為了求取更大的發展，他離鄉背景來到花都巴黎⋯。

首站是豪華的啤酒店—「布列塔尼艾里樹」（Brasserie Elysée Bretagne），這間

●「大使廳」餐廳全體廚師。

當時最受巴黎人歡迎的啤酒店，供應簡單而道地的「鄉土料理」（cuisine de terroir），廚房總共有五十人，工作講求「效率」與「品質」兩項原則，經過三年的磨練，他成功地掌握箇中精髓，並融合成為個人風格，為日後的事業奠下根基。此外，他巧遇號稱「法國古典料理巨匠」，年已六十五歲的卡斯束‧拿破崙（Gaston Napoléon），拿破崙視他如己出，在最終的職業生涯中，將畢生所學傳授給他，並在退休前，為他引見當時頂頂大名的法國料理界傳奇人物喬埃爾‧霍布匈（Joël Robuchon）⋯。

服完兵役那年，他二十二歲，豐富而紮實的工作經驗使得他立刻成為霍布匈新開張的飯店

●「克里戎飯店」露天庭院的冷盤酒菜單。

●夏天時，人們最愛在「克里戎飯店」庭院的藍色洋傘下，享受美味爽口的冷盤午餐。圖片提供／Hôtel de Crillon

「協和拉法葉飯店」(Hôtel Concorde Lafayette)的左右手，他負責調製所有的調味醬，並統領百餘人的廚房，籌畫組織飯店的宴會、超過四千人的雞尾酒會、特別菜單、咖啡廳、早餐等活動內容。在那兒，他真正大開眼界，學會了「主廚」所需要的各種不同的工作經驗。

在當時，所有的法國料理界都深受奧古斯特・艾考菲耶(Auguste Escoffier，一八四六～一九三五)的影響，然而霍布匈卻掀起整個法國料理界思想觀念上的大革命。他負責設計完成品的圖像，將製作的過程精分為各個細節，每位廚師再依其「指令」依樣畫葫蘆，要求百分百「絕對」；如此得以由下往上，達到最終極的完美。這個「金字塔」組織概念，至今仍深烙在當今的法國料理界，成為一種顯學。

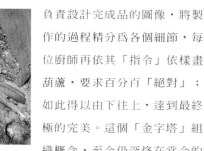

●「大使廳」的特別祕方「牛骨蔬菜湯汁」(Pot-au-feu)。

●自製的鮮美「蝦醬」(Coulis des langoustines)。

五年的「霍布匈經驗」，使得布雪深刻感受到：身為「主廚」，不僅需要體力、經驗、過人的工作熱情，更重要地是敢於接受「挑戰」。二十五歲那年，他離開了大飯店，來到小餐廳「Jamin」。布雪自言：「當時，我已經擁有十三年的職業經驗，比起在學校浪費時間，卻漫無目標、職業經驗又非常缺乏的學生，我更快地展開我的職業生涯！我組織了非常傑出的十人工作班底，同年『Jamin』贏得《米其林》二顆星評價。直到世人夢寐以求的「銀塔」餐廳對我招手…。」

不過，「銀塔」的經驗並未滿足這位血氣方剛的料理青年太多的期待，而是逼使他成長…。當時的「銀塔」已經擁有了將近二十七年《米其林》三顆星的榮光，但因嚴守窠臼，面臨成為「美食的歷史博物館」的命運。為了一洗「銀塔」給人的呆板印象：鴨子主導的菜單、繁瑣的服務禮儀、不合時代潮流的菜肴。布雪從事大刀闊斧的改革，但卻沒得到老闆克勞德・特哈耶的全面支持，反而遭其及二十年以上的資深幕僚之頑強對抗；然而，他的強人特質，仍然使他在任內的八年間，刪改掉很多傳統不合時宜的菜肴，儘管其中的某些菜，甚至象徵了「銀塔」的光輝歷史。還好，媒體與顧客的支持，使得在困境中掙扎的布雪，獲得稍許安慰。

因「銀塔」的名聲及布雪個人的成就，他得以受邀參加一九八三年東京「銀塔」的落成，並此後數度訪日；至此以後，他再也沒有間斷與亞洲的往來。他先後去過日本、香港、台灣、泰國等地，對其日後的料理美學風格影響甚劇。他坦

●「大使廳」的招牌甜點「新鮮百里香花巧克力冰淇淋」。
圖片提供／Hôtel de Crillon

因而開始了一段艱苦奮鬥的時光。爲了平衡收支，他學習如何節省人事等成本，並在不降品質的情況下，善用「創意」降低售價，自此養成他精雕細琢每個環節的特質。往後的五年間，他都在艱困中求生存，雖然逆境不斷，但最後都平安渡過。回想起這段時光，他自稱：「當時的我，連棟山間的小木屋都沒有，完全致力於我的夢想。直到有一天，我突然了解，其實，我的夢想已經達成了，甚至，在『銀塔』那段時光亦然。」然而，他同時意識到經濟危機並不會中止，往後的幾年亦然；也是在這個壓力下，他接受了另一個挑戰─擔任「克里戎飯店」主廚。

承說道：「我幾乎所有的料理美學靈感，都來自亞洲，但並非某個獨特的地方菜肴，而是整體的感覺…。如亞洲女人總喜歡穿著白色的衣服，感覺非常純粹…；又如台灣的小巷，總充滿了各種聲音…。我印象比較深的『魚翅湯』，看起來很簡單，但入口後，味道卻異常複雜…。」

在艱困與喝采聲中，布雪離開了「銀塔」，並圓得了許多主廚一生夢寐以求的夢想：在家鄉蓋一棟自己的餐館。一九八七年，他三十四歲，毅然回到摩斯納克·蘇·舍晶(Mosnac-sur-seugne)，向銀行貸款，花了兩年的時間搭建了這座他夢想中的磨坊餐廳─「Le Moulin de Marcouze」，爲了眺望大西洋沿海地帶，他還提供租用直昇機的服務。二年後，他勇奪《米其林》二顆星評價。然而，一九九一年時，法國社會上下充滿了經濟危機風暴帶來的不安，銀行凍結了貸款，一向客滿的餐廳也一間間面臨倒閉的命運。當時正逢布雪想擴展營業投資，但是全世界，包括法國本土，烈酒市場急速地萎縮，使得他身處烈酒產地──Cognac的餐廳，雪上加霜，

真情厚意料理觀

一九九七年一月，布雪正式入主「克里戎飯店」，取代光榮引退的主廚克里斯提雍·侃斯東(Christian Constant)。

布雪的料理如同其人，非常簡單、眞實。我記得他見到我時的第一句話是：「我最討厭記者，這些人從不進廚房，從未待在炎熱的爐子後超過半分鐘，連蔬菜都不碰，更別提區分加拿大龍蝦與布列塔尼龍蝦；又不肯用功，卻以『筆』將我們辛苦耕耘的事業，兩三筆勾銷。所以，我總是和媒體保持距離，爲的是保護我自己。」不過，我們相處甚歡，他並不是一個擅於表達自己的人，我對他的認識皆源起於他的料理。

●由左依次為口感豐富的「黑橄欖煎麵包佐快煎火魚配糖煮番茄檸檬柑桔」、「松露凍韭蔥白配酸醋調味新鮮辛香蔬菜」、奶油甜蘆筍燻鮭魚凍佐辛香菜」。

第一次接觸他料理的感覺是：口感簡單但豐富，色澤自然純粹，造型美不勝收。「前菜冷盤」中，無論是宛如翠玉般色澤溫潤明亮的「松露凍韭蔥白配酸醋調味新鮮辛香蔬菜」(Terrine de blancs de poireaux en gelée truffe, vinaigrette aux herbes fraîches)，簡單大方的「奶油甜蘆筍燻鮭魚凍佐辛香菜」(Bavaroise d'asperges，turban de saumon fumé et salade d'herbes folles)，甚或以五顏六色的春天蔬菜譜成的「蔬菜華爾滋」—「松露碎屑汁燉春季蔬菜」(Etuvée de légumes de printemps aux brisures de truffes)都凸顯了他這三點特色；至於名聞遐邇的「細香蔥螯蝦馬鈴薯泥圓形薄肉片佐魚子醬奶皮乳汁」(Médaillon de homard à la civette, pommes de terre ratte, fleurette au caviar)更是經典中的經典。不過，我更喜歡在炎熱的夏季，坐在飯店庭院的藍色陽傘下，享受一頓美味爽口的冷盤午餐，推薦您千萬不要錯過這兩道美味佳肴—「番茄蜘蛛蟹肉」(Charlotte de tomate et araignée de mer)及「黑橄欖煎麵包佐快煎火魚配糖煮番茄檸檬柑桔」(Minute de rouget, pain perdu aux olives noires, compote de tomates aux agrumes)，順便別忘了點一瓶 Sancerre 白酒搭配。

三十多年的職業生涯

中，最讓他印象深刻的是：某日，一名美國顧客點了盤「松露沙拉」，結果盤子收回來時，整盤沙拉都吃光了，唯獨剩松露。原來，這名客人不知道什麼是「松露」，還以為是烤焦的洋芋片，因而棄寶藏於不顧。

另一件讓他頗引為憾的是，因為經濟不景氣，有愈來愈多的餐廳，使用次等材料蒙騙顧客。某次，他去某餐廳用餐，點了一盤「布列塔尼龍蝦」，結果端出來的是一盤「加拿大龍蝦」，他怒不可遏地要求退換，但侍者堅持其材料貨真價實。他逼不得已亮出名片，這一來驚動了餐廳主管，趕忙向他解釋：「今天剛好缺貨，所以，…。」

他從不認為他的「創作」過程有邏輯可循，他半開玩笑地說：「人類只發明了一次汽車，之後，我們『改良』它。」

「假如某人尊稱我為布雪先生，都歸功於我的職業。我的『成功』沒有任何的秘密可言，因為我這一生，全奉獻給料理。」他感慨地說出身為「料理人」的命運；或者，所有達到事業頂峰的人，都有著同樣的遺憾？！

●春天蔬菜譜成的「蔬菜華爾滋」—「松露碎屑汁燉春季蔬菜」。

亞倫・松德漢斯 *Alain Senderens*

La cuisine, passage
de la nature à la
culture ...

Alain Senderens

Paris le 20 juillet
98

圖片提供／Lucas Carton

料理，爲大自然到文化的過程。

～亞倫・松德漢斯

●彎曲盤旋的木雕枝葉屏風與玻璃鏡，將狹小的空間擴展成一塊塊鳥語花香的魔幻空間。

路卡斯・卡東(Lucas Carton)
《米其林》＊＊＊
《GaultMillau》16/20
地址：9, place de la Madeleine 75008 Paris
地鐵站：Madeleine
電話：01 42 65 22 90
傳真：01 42 65 06 23
套餐（Menu）：商業午餐395法郎
單點組合（Carte）：900～1,400法郎
週六中午，8月2日～24日休息
14席

●「路卡斯‧卡東」餐廳入口幾何花紋造型的半圓形鐵門。

　　雖然在法國料理史上，一直有料理師是「藝術家」或「藝匠」之爭，但是，這個懸而未決的問題，卻因為少數料理界的佼佼者，變成等同於中國的「茶道」，成為融美學、哲學於一爐的心靈感官饗宴。小從食器、餐盤、酒杯種類、桌布、餐巾、名片及菜單設計，至餐廳內的布置，甚至工作服與廚房的設計等，都顯現廚師的巧思；也藉由這些，我得以與廚師們做心靈的溝通。而我這次的法國美食文化之旅中，讓我印像最為深刻地，莫過於位於巴黎瑪德蓮廣場(Place Madeleine)上的路卡斯‧卡東(Lucas Carton)餐廳主廚─亞倫‧松德漢斯及他的「酒菜劇場」。

　　於一八九五年建成的路卡斯‧卡東餐廳，是路易‧馬鳩雷(Louis Majorelle)的代表作。一進入半圓頂、幾何花紋造型的鐵門後，立即為廳內彎曲扭動如蕨類的線條所蠱惑；細木護壁板雕花紋汲取自埃及無花果及錫蘭檸檬樹靈感，彎曲盤旋的木雕枝葉屏風與大片的玻璃鏡，神奇大膽地將

●「路卡斯‧卡東」餐廳的菜單。

●「路卡斯・卡東」餐廳內部一景。

推薦菜單

♣
黑橄欖檸檬刺山柑花蕾火魚脊肉
Filets de rouget poêlés aux olives,citron et câpres
搭配 Roussanne 1996-Domaine de l'Hospitalet

清蒸甘藍葉包朗德鴨肝
Foie gras de canard des Landes au chou à la vapeur
搭配 Juraçon moëlleux 1994-Domaine Cauhapé -H. Ramonteu

辛香橄欖油巴斯克紅鮪魚
Assiette de thon rouge du pays Basque à l'huile épicée en hommage à Paul Minchelli
搭配 Crozes-Hermitage「La mule blanche」1996-Paul Jaboulet白酒

♠
阿匹西吾斯蜂蜜香料烤鴨
Canard Apicius rôti au miel et aux épices
搭配 1979-Banyuls/Cave de l'Etoile紅酒；
鴨腿沙拉搭配 Banyuls Solera "Hors d'âge"-A. Parcè

布列塔尼島香草螯蝦
Homard de Bretagne à la vanille
搭配 Meursault 1994-Comtes Lafon

♥
辛辣薄荷甘草冰淇淋配奶油夾心烤蛋白
Glace à la réglisse et sa meringue à la menthe poivrée
搭配 1975-Rivesaltes-Domaine Cazes

狹小的空間擴展，畫分爲一塊塊獨立而充滿鳥語花香的魔幻空間；日日響著銀餐具及水晶杯清脆的撞擊聲的路卡斯・卡東餐廳，自十九世紀末，即成爲文人哲學家膜拜的美食殿堂。而松德漢斯正是這所充滿光輝殿堂中的「美食信使」。正是自喻爲希臘詩人兼美食家廚師——「阿挈斯塔德」(Archestrate)的松德漢斯，挖掘出二千年前，近乎失傳的「阿匹西吾斯蜂蜜香料烤鴨」食譜，並且爲法國料理注入一股強勁的東方「香料之風」。

視覺至上的料理信仰

十八世紀末期的法國，興起一股狂熱的東方藝術旋風，這股東方熱浪直襲捲到二十世紀末的巴黎，七〇年代，松德漢斯率先旅遊亞洲國家，尋找來自世界彼端的東方文明，自印度、中國及日本等國的美學與料理哲學中汲取靈感。爲了解「何爲中國料理」，一九七八年，他來到古老的

●令我垂涎已久的「阿匹西吾斯蜂蜜香料烤鴨」，可媲美我們的「北京烤鴨」，是經典之作。
●來自錫蘭的花園香子蘭果實調的「布列塔尼島香草螯蝦」。（中圖）
●亞倫・松德漢斯於「酒菜劇場」，指導二廚及膳食總管一景。（下圖）

螯蝦與香子蘭果實…，創作了「馬達加斯加美國威士忌酒式的布列塔尼島香草螯蝦」(Homard de Bretagne à la vanille " Bourbon de Madagascar")他並不以此為滿足，還挑選了近十五種的白酒，實驗「酒」與「菜」之間的完美搭配，最後選擇出 Meursault 1994-Comtes Lafon。

中國，了解到中國料理注重「火候」的烹調秘密，並為「北平烤鴨」利用鴨皮搭配鴨肉，蘸甜麵醬、搭辣蔥為餡，外包薄麵皮的創意驚愕不已！至今他仍對這道傳統的中國料理有著無限的崇敬。

一九七〇年，剛自第二次世界大戰中甦醒，浮華的巴黎社會正處於「瘋狂年代」。當時，夾泡沫經濟旺勢的日本文化界，牽三宅一生、Kenzo等日本設計師，登陸巴黎的流行服裝界；首度在人材濟濟的巴黎交響樂團中爭取到「樂團總指揮」的Osawa，更使得日本成為巴黎文化界的焦點。此時的松德漢斯，渴望尋求心靈的自由，而引起他無盡好奇的日本，吸引他再度遠渡重洋。他不識日文，不懂日語，卻在這次異國探險中，掌握到日本料理藝術中「視覺美食」的秘密，並發揮到極致，成為他料理哲學中的首要信仰之一。

一九七七年十一月的巴黎，瀰漫著來自錫蘭「香料之路」的Rochas香水味，再一次，牽動他的心弦，隨著美食團來到錫蘭的花園。漫不經心地，他摘下一根香子蘭果實，柔和的香味使他依稀想起記憶中遙遠的某種香味…。苦思右想，如獵人般地挖掘封鎖的記憶底層極限…，終於自黑壓壓的記憶洞穴裡趕出一隻布列塔尼的螯蝦，當螯蝦煮得恰到好處時，鮮美的肉味正帶著微甜的香草香…。他飛快地踏上歸途，一下飛機，直衝「阿契斯塔德」餐廳，馬上實驗結合布列塔尼的

師事松德漢斯的亞倫・巴薩德總對我說：「亞倫・松德漢斯所提倡的『酒菜哲學』，是法國料理史上最偉大的革命。」松德漢斯邀請我一起吃飯，我暗想這一頓飯吃下來，一定不輕鬆。

他先問我想吃些什麼？我毫不客氣地點了他最著名的招牌菜。

他立刻回到廚房，以手按著頭額思索半晌，他的兩名最重要的左右手—二廚及膳食總管手拿小抄本，分站兩旁，恭候他的第一道指令…。氣氛一下子凝結…。終於，他下達了最後的命令，二廚及膳食總管飛快地記著，接著以迅雷不及掩

● 亞倫‧松德漢斯的雪茄盒，內藏來自古巴、俄羅斯的珍貴收藏。

耳的速度，回到各自的工作崗位開始工作。

目瞪口呆的我，被松德漢斯的「酒菜劇場」中，這一場訓練有素的開場演出，震懾不已！松德漢斯邀請我進入他舞台的中心，這一次，我要和他同台演出一場即興的「兩人行不行」…。

舞台位於二樓轉角入口處的雙層門後，一間懸掛著畫的小巧沙龍，牆上懸掛著三幅以「美食」為主題的繪畫。桌面整齊擺設了五顏六色的彩石、六隻水晶杯、兩只吐酒盂，一侍者畢恭畢敬地站立一旁…。他對我強調：「料理不同於任何我們所認識的藝術，能同時激起我們五種感官的喜悅－視覺上桌面的擺設、菜餚的設計；嗅覺上肉汁酒香等香味傳達；味覺上口感的和諧；觸覺上藉由物質的肌理、結構，在口中所給予的體積；聽覺上當我們咀嚼時，發出的聲音。經這一切組合，誕生了鄰光乍現的美食感官愉

悅。」他頓了頓，問我介不介意他抽煙？我搖搖頭。不一會兒，侍者捧來一盒雪茄，他挑選了一根，熟練地抽起來…。雪茄味道有些像香草…，讓我想到了他在錫蘭花園中，聞了又聞香子蘭果實…。吞雲吐霧中，接著說：「『美食』與『社會的發展』，包括因宗教、心理、文化、醫界、經濟、地理等的從中斡旋，形成了食的禁忌與包容性；此外，『季節性的新鮮食品』與『時間性』都有莫大的關係。」

失誤等同背叛

侍者端來了一盤「辛香橄欖油巴斯克紅鮪魚」，品酒師則小心翼翼地倒入Crozes-Hermitage "La mule blanche" 1996-Paul Jaboulet白酒。他以斷然但親切的口氣對我說：「試看看！」奇妙地很，沾了辛香橄欖油的巴斯克紅鮪魚與口感辛香但新鮮的白酒混為一體，吃來非常的爽口！侍者這回端來了我心儀已久的「清蒸甘藍葉包朗德鴨肝」，這次品酒師在第二隻酒杯中注入Juraçon moëlleux 1994-Domaine Cauhapé-H. Ramonteu。我很快地如往常般習慣地品起酒來，不過，這次的酒太冰，香味及口感都失色了些，同時，他也品嚐了杯中的酒，只見他沾上胡椒及鹽的鬍子下巴，突然間緊縮起來，眉頭緊皺、臉色通紅、眼皮拉起，露出冷峻而嚴厲的目光，三角形的臉顯得愈形尖銳，我感到一股山雨欲來風滿樓的徵兆。只見倏忽他的臉色沉下來，舌尖擠

● 辛香爽口的開胃冷盤「辛香橄欖油巴斯克紅鮪魚」。

這回侍者端來了名聞遐邇的「黑橄欖檸檬刺山柑花蕾火魚脊肉」，品酒師則換上另一款白酒 Roussanne 1996-Domaine de l'Hospitalet，並且重新將先前過冰的酒更換。這一回，我重新品賞這兩款無論色、香、味都不同的白酒，貪杯之際，松德漢斯要我品酒時，不要忌諱吐出來，免得過度貪戀後，變得神志不清。甚至戲謔地問我：「難道妳不覺得吃一頓沒酒的飯，就如同自個兒做愛一樣？」我不經思索地回答：「那可能需要一點兒幻想力才行！」他接著要我以不同的三種酒，搭同一道菜，問我是否發現不同的酒菜聯姻有完全不同的結果？的確，有的是慘痛收場！有的則馬馬虎虎，卻總覺得缺了什麼…；只有唯一的那杯Mr.Right！使得聯姻美滿幸福。

出銳利的牙齒，顫抖的嘴唇、憤怒的喊出罪魁禍首的名字！一分鐘不到，品酒師來到沙龍，不安且結巴地擠出以下的句子：「主廚，您找我？」

松德漢斯用手指了指酒杯，「這是什麼？過來嚐嚐！」

不快樂的品酒師執行他的命令。「它很好呀！」

「它的溫度太冰，你就這麼服務客人嗎？」品酒師歉疚地，「我想今天的溫度太低了些，我馬上處理。」品酒師離開沙龍，留下餘怒未息的松德漢斯，一邊寬容地指示我以手掌溫杯，一邊緊皺眉頭，彷彿在他的「酒菜劇場」中，任何一點演員的小失誤，都被當成是「背叛」、「草率輕忽」、「全盤皆輸」的信號。我望著松德漢斯，感受他內心劇烈的痛苦，並非出自一名傑出的演員，為了在記者、作家面前，「表現」出真誠而刻意做出的姿態；而是如同孩子般，輕信大人的承諾，卻發現在真實世界所獲得的，並非如其承諾的百分之百完美。他為自己無法在期望與實際結果間求取平衡點，感到痛苦，一種藝術家與生俱來，無法忍受不完美的痛苦。

「在此，我們不能容許任何一點失誤…。」松德漢斯堅決地表示。

測試舌尖極限

我們的酒菜劇場繼續進行著…，頃刻，已經來到高潮。這次上場的主角為「布列塔尼島香草螯蝦」。整隻螯蝦被完整均勻地對切，鉗子及肉身部分被整齊地鋪在盤面，上淋來自錫蘭花園的

●讓我有如邊洗露天溫泉邊吃雪花感覺的「辛辣薄荷甘草冰淇淋配奶油夾心烤蛋白」。
●象徵「美好回憶，下次再見！」的路卡斯·卡東咖啡。圖片提供／Lucas Carton（下圖）

香草汁，再搭配新鮮的青蘆筍。一眼望去，紅白綠相間，色澤嬌豔欲滴，已經勾起我的食慾，再加上濃得化不開的香草香及清淡的蘆筍甜味，更挑逗得我心癢難耐。我不待他下令，已經開動！「等會！」強而有力的聲音一下子冷卻我的食慾。我呆望著他，心想這會兒他又要傳遞什麼新的訊息？

「仔細品嚐鉗子及肉身，妳發現有什麼不同了嗎？」我思索了會兒，「肉身的質地較軟，口感也較甜；鉗子部分則較富彈性、口感較豐富、肉質也較為紮實。」

「的確。妳再以 Meursault 1994-Comtes Lafon 試驗螯蝦的這兩種不同的肉質！」

「似乎與肉身的部分搭配較和諧…？！」我驚訝地說。

「妳現在試著辨別這道菜！」侍者立刻換上令我垂涎已久的「阿匹西吾斯蜂蜜香料烤鴨」。實際上，他端來的是兩盤，一盤為鴨胸肉片搭配蘿蔔、木瓜泥及棗泥，搭配此盤的，則為1979-Banyuls/Cave de l'Etoile紅酒；鴨腿沙拉則搭配Banyuls Solera "Hors d'âge"-A. Parcé。

我嘗試倒過來搭配酒菜，再以他安排的順序嘗試，完全不同的喜悅，使我驚喜地說不出話來。表皮蜂蜜及香料混合的辛香甜美，包裹著鴨胸肉的甘美及鴨腿肉的濃郁滋味，再混合了紅酒的甘醇達到感官滿足的極致。這真是一道名垂青史的美酒佳肴！滿足之餘，不覺嘆息鴨皮表面的蜂蜜香料層，若能更薄一些，就更完美了！他聽罷，喚來二廚，指示其要改善蜂蜜脆皮的厚度。

「想在甜點之前來點乳酪？」侍者推來乳酪推車。這回可讓我開了眼界，原來，質地較油的乳酪，與口感較重的紅酒一起搭配並不適合，反而是口感清爽的白酒讓我有意想不到的驚喜！左等右等，總算等到我的最愛「辛辣薄荷甘草冰淇淋配奶油夾心烤蛋白」。這回伴隨一起的，是1975-Rivesaltes-Domaine Cazes。乾甜的滋味，讓我想起在冬天北海道的小旅館中，邊洗露天溫泉邊吃雪花的感覺…。

「曾幾何時，我開始習慣地想像某菜肴與將近十五種酒的組合可能；如果這裡缺點什麼，我就加上點，多了就拿出來，如同畫家做畫，為了追求最終和諧的可能…。」我想，松如同所有的哲學家或藝術家，窮一生之力來發掘宇宙永恆不變的定律，然而，人類容許它存在的可能嗎？

依照往日慣例，松點了根雪茄，為這次演出畫上完美的句點；我則點了杯路卡斯·卡東咖啡，為了向松，這位我最尊敬的法國料理界大師說：「謝謝您賜給我的美好回憶，下次再見！」

亞倫・杜卡斯 *Alain Ducasse*

我的藝術，是保存組成菜肴的每項食材之原始風味；同時，

每道菜必須在客人腦海中刻下永不磨滅的記憶。

～亞倫・杜卡斯

●窗邊的「松果」圖案，乃出自雕刻家卡蜜兒・卡妮耶之手。

亞倫・杜卡斯(Alain Ducasse)
《米其林》＊＊＊
《GaultMillau》
地址：59,avenue Raymond Poincare,75116 Paris
地鐵站：Victor Hugo，Trocadero
電話：01 47 27 12 27
傳真：01 47 27 31 22
套餐（Menu）：午餐480法郎，Arcimboldo廳780法郎，Brillat-Savarin廳 890法郎
單點組合（Carte）：800～1,200法郎
週末中午休息
53席

●「亞倫‧杜卡斯」餐廳的菜單。

●「亞倫‧杜卡斯」餐廳內景。圖片提供／Alain Ducasse

　　亞倫‧杜卡斯和我見面的第一句話：「妳最多需要多少分鐘，包括拍照？！」望著低沉半晌不能下決定的我，情急之下說：「好！十五分鐘！包括拍照！」我立刻被他及秘書帶往辦公室。才剛坐下，他立刻轉身望著身後的電腦螢幕，仔細地端詳起資料來。這台電腦，因亞倫‧杜卡斯而成名，號稱收藏了七百道食譜，除了用來做為管理人事、財務收支以及蒐集資料、通信的重要來源；亞倫‧杜卡斯的傑出班底，也得力於電腦的幫助才尋獲。他藉編纂美食評鑑《Champérard》之便，取得每間餐廳的人事背景資料，經由電腦整理分析後，選出各餐廳及廚房部門最優秀的人才，再將之挖角，甚至旅行時都不忘記為他的班底增添生力軍。他很得意地對我說：「我在某次赴西德旅行時，在某間餐館遇到一位服務生，我覺得無論服務的品質、速度、與顧客間的關係都是屬一屬二，當下決定挖角，但是，當時我所得到的回答是：『對不起！我和餐廳簽有合約。』當下婉拒了我的要求；結果二個禮拜後，他出現在我的餐廳當膳食總管，我幫他

三家餐廳推薦菜單

小蠶豆湯
Soupe de fèvette

蔬菜圓餡餅
Tourte de légumes

魚肉香菇餡酥餅
Vol-au-vent

♠

櫻桃醬烤乳鴿
*Pigeonneau à la rôtissoire,
marmelade de Bigarreaux acidulés*

鄉村風燻肉
Lard paysan

蔬菜松露小牛犢
Quasi de veau de lait

地中海式朝鮮薊鱸魚
Loup de Méditerranée

♥

糖衣杏仁巧克力
Le Louis XV au croustillant de pralin

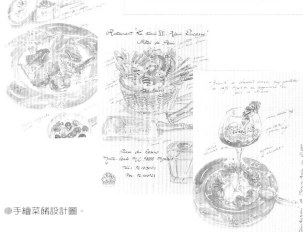

●手繪菜餚設計圖。

解約，並說服他和我一起工作…。」說罷，眼神流露一股自豪。

神奇的「杜卡斯式磨練」

這位當今法國料理界最璀璨的主廚明星，對外宣稱擁有最年輕(約二十七～三十五歲)、最有活力、彼此互相信賴(合作的關係達二十～二十五年以上)、不分國籍，對料理工作有強烈的熱情，渴望「學習」，能接受至少一年以上的「杜卡斯式磨練」的優秀班底。杜卡斯自言：「我如同一位『美食設計師』，負責設計菜單、組織部門、監督細節。」，這位「法國料理交響樂團首席指揮」曾半開玩笑地對我說：「朝思暮想，希望早日脫離爐火邊工作的我，終於達成願望。」；的確，今天的杜卡斯，在奮鬥了二十多個年頭後，不再需要天天站在炎熱的爐火邊，親自下廚烤羊排，或為了調味醬味道的正確與否傷腦筋；今日的他，除了身兼三家餐廳——摩納哥(Monaco)的「路易十五」(Louis XV)、巴

黎的「亞倫‧杜卡斯」(Alain Ducasse)、普羅旺斯「La Bastide de Moustiers」的總裁，及數家一顆星的餐廳及食品顧問；還必須與媒體溝通、構想新的季節菜單。他於一九九八年九月在紐約第五大街上的「Bergdorf Godman」精品店及巴黎「Bon Marché」高級食品店各開一家「Alain Ducasse」的精品專櫃，販賣各式高級食器，如餐盤、刀叉、餐巾、桌布、爐子及來自義大利的利古利(Ligurie)以他命名的橄欖油；一九九九年一月再於東京「高島屋」開闢另一賣場；六月至九月間，將會把

位於普羅旺斯「La Bastide de Moustiers」小旅館五公里處的一座十三世紀的歷史古屋改建為小旅館(auberge)。

為了使成果臻至他所期望的完美之境，杜卡斯事先與班底充分溝通，給予成員最紮實、完整的訓練，並使整個團體都沐浴在相同的心情——盡心盡力求得百分百完美。這個神奇的「杜卡斯式磨練」的目標，不僅訓練出一批「技術完美的職人」，假以時日能創作擁有自己風格的料理；還必須學會將純熟的技術傳授他人。如今，經由他手下訓練出來的成員，分

●神奇的「杜卡斯式磨練」。圖片提供／Alain Ducasse

●以叉子頭的男性與湯匙頭的女性，表現「美食」為反映社會與文化的結晶。

●桌面上擺放著雕塑家佛隆設計的銅塑─「沉思」。（右圖）

布在世界各地，各各都能獨當一面。

杜卡斯一再強調，他一生受其師亞倫・夏貝爾(Alain Chapel，一九三七～一九九○)「簡單真實料理」精神影響至深：著重完美的細節要求、挑選最好的產品、以完美技術呈現產品本身的原味。一九九六年春季末，他與喬埃爾・霍布匈(Joël Robuchon)及亞倫・松德漢斯等十二位主廚，發表了「真實法國料理宣言」：儘管大自然給予人類最好的，卻沒有絕對的完美；料理的藝術正在於不斷地研究，以達到「絕對的完美」。杜卡斯為了表現料理的完美性，甚至簡化食材種類到不超過三種；對料理「真實味道」的「尊重」與「研究」，引導他甚至僅僅使用少許「鹽」來凸顯食物原味。這不由

使我想到日本的生魚片，也是僅以少許鹽來排除魚肉水分，並保持了肉質本身的鮮美，吃時蘸少許芥末醬及醬油，即成了「美食」。「最簡單的也是最難表現的！」這個料理美學，似乎已成為料理人追求的最高的料理境界。

攀登料理職人的最高峰

杜卡斯為繼一九三○年代、里昂「媽媽料理」代言人─阿簡妮・巴威耶(Eugénie Brazier)之後，唯一獲得六顆星的主廚，為了兼顧這三家無論裝潢、美食風格與地點都迴然不同的餐廳，使得杜卡斯成為空中飛人。每星期，他往返蒙地卡羅與巴黎數次，儘管他含笑回答我：「我並不討厭坐飛機，而且在飛機上我睡得很好。」但他的語調中卻透露出極度的疲憊。究竟是什麼樣的意志，驅使杜卡斯面對眾人的嘲笑與妒嫉，

●為了表現料理的完美性，甚至簡化食材種類到不超過三種。圖片提供／Alain Ducasse

●以「虛擬障眼法」畫成的「圖書館」。

卻依然能爬上料理職人的最高峰，並不斷向自己的極限挑戰？一九八四年八月九日，杜卡斯一行六人在阿爾卑斯山上的 Saint-Tropez 一地，為了趕時間出發，逆行飛往里昂的方向，當時的天氣狀況不佳，飛機撞上了山，他是唯一即時跳機生還者；如今杜卡斯額頭上的疤痕，就是當時跳機跌落在樹叢間留下的。躺在床上經過幾個月的休養，精神上的震動仍不能平復，直到「工作」的渴望與「求生」的意志催促他重新開始…。杜卡斯回憶，在這次意外災害發生前，他並「不敢」盡情發揮自己，事故之後，他真正感到時間與健康的寶貴，終於能放手一搏，實現他渴望達成的理想…。

我自位於廚房二樓的杜卡斯辦公室旁的小樓梯走下來，望著穿著主廚制服的杜卡斯「被迫」拿起湯匙做「品嚐」調醬的動作，供攝影師拍照。這個我們習以為常的「主廚」形象，漸漸成為昨日的歷史，帶著我們濃濃鄉愁回憶的廚師影像，如同母親為孩子們下廚的身影，已經在工商業社會中，漸漸模糊…。曾幾何時，自助餐的飯盒取代了母親自製的便當？充滿溫馨的情感料理，是否敵不過「星光滿天」的大師料理呢？

這間廚房到處裝設了現代的錄影機系統，透過錄影機，端坐在四樓辦公室內的杜卡斯，可以清楚地監督每個環節，從服務生送菜、廚師烹調至菜肴本身，都在他控管之下；此外，每當有重要的訪客時，杜卡斯總在他戲稱「水族館」的房間內，邊品嚐幾公尺外準備的菜，邊商談要事。

這間名滿天下的「亞倫‧杜卡斯」餐廳內，桌面及大廳入口處擺放著雕塑家佛隆(Folon)為一九九六年餐廳開幕所設計的銅塑—「沉思」(La pensée)；以叉子頭的男性與湯匙頭的女性，表現「美食」為反映社會與文化的結晶。對藝術敏感的杜卡斯，還特別在大廳入口處安置了二個櫥窗，專門收藏展示一些著名藝術家的作品；大致上，整間餐廳仍完整地保留著二十世紀初的氣氛，特別是飯店外觀及內部隨處可見的「松果」

●富文藝復興氣息的「小沙龍」。

圖案，乃出自雕刻家卡蜜兒・卡妮耶(Camille Garnier)之手；二樓的餐廳分為三個廳，分別為富文藝復興氣息的「小沙龍」，木雕裝飾的牆面，沿著落地窗台連接到「畫成」的書架邊緣，隱約透露出優雅的文藝氣息；以「虛擬障眼法」(trompe-l'oeil)畫成的「圖書館」，是出自上任主廚喬埃爾・霍布匈的構想，畫中那位神秘的女子，相傳為路易十五的情人；荷蘭風的「壁爐」廳內，懸掛著彩繪瓷盤，壁爐兩旁則巧妙地懸掛了兩幅分別以田野與漁港為主題，一九三○年代「新藝術」(Art Nouveau)風格的繪畫，為氣氛稍嫌嚴肅的大廳注入一絲春的氣息。一樓入口邊的吧台，為客人飯後邊喝咖啡、享受雪茄、啜飲陳年美酒，邊洽談公事的最好場所。

客人陸陸續續地到

來，我身旁坐著來自瓜地馬拉的年輕學生，另一頭則是來自義大利的觀光客，他們非常吃力地試圖說法語單字點菜，細心的膳食總管立即召喚兩位服務生，他們分別以流利的西班牙語及義大利語為客人詳加說明菜單內容，這間餐館之所以如此受觀光客推崇，除了不可缺少的美酒佳肴外，餐館國際化的服務更是不可或缺。

料理是大自然最好的闡釋者

營運才二年的餐廳，在品酒師傑哈・馬傑翁(Gérard Margeon)的經營下，已經擁有一二○八類、總數四萬五千瓶的收藏。其中最老的年份為1916-Ch.Palmer。在巴黎的這份菜單安排上，杜卡斯以現代手法，將法國傳統中所有較具代表性的菜肴，予以新的詮釋；此

●瀰漫著松露與牛犢原汁香的「蔬菜松露小牛犢」。圖片提供／Alain Ducasse

●一樓入口邊的吧台，為客人飯後洽談公事的最好場所。（左頁）
●充滿富麗堂皇氣氛的「路易十五」餐廳。圖片提供／Louis ＸＶ
●「路易十五」的招牌甜點─「糖衣杏仁巧克力」。圖片提供／Louis ＸＶ

外，相較於著重蔬菜與魚類料理的「路易十五」(Louis XV) 餐廳，此處較偏向海鮮料理，冬季則為以「松露」為主要素材的肉料理，可謂綜合海陸的風光於一盤中。諸如「魚肉香菇餡酥餅」(Vol-au-vent)、「鄉村風燻肉」(Lard paysan)，以及搭配佩里戈爾 (Périgord) 松露調醬的「隆德鴨肝餃子」、口感新鮮純粹的開胃冷盤「魚子醬螯蝦」(Langoustines refroidies, nage réduite, caviar osciètre)；僅以橄欖油調理、口感綿密豐富的前菜冷盤「布列塔尼番茄杏仁菜豆螯蝦」(Homard de Bretagne refroidi, cocos, tomates, amandes fraîches)；以雞油菌搭配來自 Noir-moutier 的馬鈴薯、頗具鄉村風味的海鮮「布列塔尼大菱鮃」(Turbot de Bretagne) 等。

杜卡斯謙稱自己為大自然的闡釋者，無論食材為肉類、海鮮或蔬

●以新鮮的歐洲酸甜櫻桃醬調味的「櫻桃醬烤乳鴿」。

果類，杜卡斯的料理，同樣顯現他一貫追求的自然真實。在食材方面，力求「細膩並精準地表現食材真實的顏色、香味」；味道方面，力求「清晰、明瞭」；美學表現上，則「乾淨、自然」，不越俎代庖、粉飾大自然的美。

如這道以新鮮的歐洲酸甜櫻桃醬調味的「櫻桃醬烤乳鴿」(Pigeonneau à la rôtissoire, marmelade de Bigarreaux acidulés)，酸甜的櫻桃搭配燒烤的乳鴿，濃郁中帶有香甜，是我最喜愛的一道菜，若再搭配新鮮的 Tokay Pinot Gris 紅酒，會帶來更進一步的味覺驚喜。甜點方面，甜味十足的「大黃焦糖香草冰淇淋配草莓冰糕佐冰糖細條酥」(Rhubarbe caramélisée, sorbet fraise et glace vanille, allumettes tièdes)，緊接著酸味的「櫻桃醬烤乳鴿」之後，是味覺上的洗禮及刺激。不過，我個人卻更

● 追尋著老奶奶燒菜香味的杜卡斯，建立了「La Bastide de Moustiers」這座他夢想中的小旅館。圖片提供／Alain Ducasse

● 「地中海式朝鮮薊鱸魚」。圖片提供／Louis ⅩⅤ

懷念「路易十五」的招牌甜點─「糖衣杏仁巧克力」(Le Louis XV au croustillant de pralin)，香脆的杏仁核桃屑，混合濃濃香香的純巧克力製成的蛋糕，再以象徵蒙地卡羅金碧輝煌的「食用金箔」點綴其上，豪華的甜點與大廳內大理石的鐘擺、Félix Hyppolite Lucas 天花板的繪畫等所營造的富麗堂皇的氣氛交相呼應；環繞四周牆壁的朝臣畫像，沉默地注視一世紀以來，一批批踏在厚重的花飾圖案地毯上的名流士紳；擦拭得雪亮的鏡子，不著痕跡地記錄著夜夜笙歌、極盡奢華的上流社會⋯，在這兒，奢華不再是夢想，卻比夢境更顯得虛無⋯。

我以Christofle刀，努力地切著小牛犢，這道瀰漫著松露與牛犢原汁香的「蔬菜松露小牛犢」(Quasi de veau de lait)，就快被名貴的Christofle刀給切得體無完膚，卻怎麼也無法被迫分離，我雖然使用刀叉的功力並不太差，不過遇到「無齒」的 Christofle刀，也只能投降。

這道「地中海式朝鮮薊鱸魚」(Loup de Méditerranée)，經由兩種不同烹調方式處理的「生」與「熟」朝鮮薊，淋上以鱸魚骨及朝鮮薊混合的醬汁後，再搭配橄欖油煎的去骨鱸魚，食用前，我建議搭配「鹽中之花」(Fleur de sel)，將會使味覺效果更豐富。

一直以來，追尋著老奶奶燒菜香味的杜卡斯，儘管已晉身世界一級大廚之林，卻始終未曾忘懷十二歲的某一天，老奶奶下廚做「燉小牛肉」(Veau mijoté)及「雞肉蔬菜湯」(Poule-au-feu)的香味；這香味驅使他來到普羅旺斯的Moustiers-Sainte-Marie，建立「La Bastide de Moustiers」─這座他夢想中的小旅館，為的是尋回他的根。

一切傢俱及室內的裝潢陳設都出自他手，在這兒，沒有一張床、一張凳子、一張床頭櫃是雷同的，甚至每間房間的顏色都不相同，有代表純粹的白色、向日葵的黃色、薰衣草的紫色、草莓紅等；菜單每天更換，魚肉來自市場，蔬果則採自果菜園裡。帶著濃厚鄉土味的「小蠶豆湯」(Soupe de févette)、「蔬菜圓餡餅」(Tourte de légumes)及「塞肉蔬菜」(Petits farcis)，與大自然的鳥語花香交揉著⋯，隨著裊裊香味，老奶奶的身影，也由模糊逐漸清晰⋯。

溝提契尼兄弟 *Frère Conticini*

LA TABLE D'ANVERS

Cœur du goût pour donner
du plaisir : la cuisine
est un art moderne,
résolument moderne.

Christian Conticini

Paris, le 15 juillet 1998

圖片提供／Jean.Bernard Poree

創造味覺能給予歡樂：
料理是現代藝術，絕對現代的。
～克里斯丁・溝提契尼

●「翁費的桌子」餐廳一景。

翁費的桌子(La Table d'Anvers)
《米其林》＊
《GaultMillau》17/20
地址：2,Place Anvers, 75009 Paris
地鐵站：Anvers,
電話：01 48 78 35 21
傳真：01 45 26 66 67
套餐（Menu）：商業午餐180法郎，晚餐250法郎
單點組合（Carte）：410～575法郎
週六中午、週日休息
30席

●位於「聖心院」附近，距「紅磨坊」僅十公里，周圍環繞
著數不盡的藝術工作坊、賭場、雜耍劇場的「翁費的桌子」

●「翁費的桌子」餐廳的菜單。

　　一向反映當代文化、社會現象的法國料理，
近年因經濟不景氣，提倡回歸「正統」的「鄉土
料理」(cuisine du terroir)。主要訴求為：法國料
理界應團結，抵抗料理「世界化」的趨勢，並保
護法國豐富的地區料理及本土品質優秀的物產，
回歸根源，展現「純粹」的法國料理之味。當時
的法國料理界，漫延一片排外風潮，並於一九九
六年失業率一二％時達到巔峰；同年，亞倫·杜
卡斯出版他的重要著作《地中海料理——主要料
理》(Méditerranées：cuisine de l'essentiel)，公開
發表法料理已經跨越「國界」，走向「區域整
合」；橄欖油取代了奶油，幾道在法國頗受歡迎
的佳肴，如「義大利式煨飯」(risotto)、摩洛哥
的「濃味蔬菜燉肉塊」(tajine)，葡萄牙的「奶油
千層酥」(natas)，猶太人的「蔬菜三明治」
(falafel)，甚或西班牙的「海鮮式什錦燴飯」
(paëlla)等等，都非法國傳統菜肴；此外，傳統法
國料理一向極少使用香料，今日法國料理中豐富
多變的香料——丁子香花蕾、肉荳蔻、薑、肉桂、
咖哩、番紅花等等，都是帶點異國風情的香料。

●哥哥克里斯丁‧溝提契尼。

推薦菜單

▲

海螯蝦海鮮濃湯

soupe langoustine

♣

青檸檬蠶豆凍酸味火魚餃子

Lasagne de rouget acidulée, gelée de fèves au citron vert

綠蔬菜螯蝦及牛肝菌的香味大雜燴

Fricassée aromatique de cèpes, homard et legumes verts

♠

茉莉醬汁去骨烤鴿配青豌豆及肉桂蔥頭

Pigeon rôti désossé, petits pois et echalote à la cannelle,

le jus au jasmin

♥

流動的巧克力炸丸子

Les croquettes au chocolat coulant

香草杏子千層酥佐冷杉蜂蜜糖黃蓮木油酥餅

Millefeuille d'oreillons d'abricots à la vanille,

pistaches sablées au miel de sapin

四香焦糖冰淇淋烤餅

Touquifon, comme un pancake fondant au caramel

glacé et aux épices

丁子香焦糖大黃佐覆盆子

Framboises et rhubarbe caramelisée à la girofle

♦

尼羅河眼淚花茶

larmes du nil

中國萬里長城花茶

Muraille de Chine

普羅旺斯的香味花茶

senteurs de provence

「完美」是法國料理最高準則

實際上，早在馬利—安東尼‧卡漢姆(Marie-Antonin Carême，一七八三～一八三三)及奧古斯特‧艾考菲耶 (Auguste Escoffier，一八四六～一九三五)時，就倡導並引進這樣的觀念：料理，是科學的、技術的，更是開放的飲食文化交流結果，同時也是藝術與創作。然而，因對「傳統」過深的懷舊情感，早在「麥當勞」漢堡登陸歐洲前，即發表過所謂的「回歸正統法國料理」的排外宣言，將法國料理日益式微的現象，歸咎於外國文化的入侵。

翻開法國料理史，或者品嚐地區料理，如阿爾薩斯(Alsace)、洛林(Lorraine)、薩瓦(Savoie)、布列塔尼(Bretagne)等地，都為開發出新的異國香料而繼續努力。當法國民族努力地宣傳「杏仁甜糕」(calissons à Aix)或「康布雷薄荷糖」(bêtises à Cambrai)為出自自家後院產品的同時，被法人稱為「外人」的印度佬，正手持示威標

●布置簡單大方，以鵝黃柔色調為底色的大廳。

語，在印度抗議法國人盜用他們的「產品」卻掛上自己的品牌；而標榜製作純粹法國料理的「大伊風」餐廳，八〇％的香料在過去的法國是昂貴與稀少的，需大量自國外引進。例如十七世紀時的一道佳肴「雞油菌檸檬刺山柑花蕾覆盆子火雞」，即出自法國佬最痛恨的阿拉伯人手中，這再度証明，美食當前，法國人很容易「倒戈」。

既然法國廚師口中宣稱：料理是永恆的研究。無論是標榜「傳統」或「創新」，出自「正統」或「異教徒」，一切都應以求得更完美的發展，給予食客不同美食經驗為前提。也就是在這樣的大環境下，溝提契尼兄弟的「世界料理甜點拼盤」誕生，帶給保守的法國料理界一股強而有力的新氣象。

位於「聖心院」(le Sacré Coeur)附近，距「紅磨坊」(Moulin Rouge)僅十公里，周圍環繞著數不盡的藝術工作坊、賭場、雜耍劇場的「翁費的桌子」(La Table d'Anvers)餐廳，一九八七年成

立至今，已成為巴黎老饕及觀光客的最愛之一；主廚為一對兄弟─哥哥克里斯丁‧溝提契尼(Christian Conticini)，尚未從事料理這一行前，對文學有濃厚興趣，敏銳的思維，使得他的美食評論文字散見法國一流的報紙如「世界報」(Le Monde)，「自由報」(Libération)，及最前衛的美食美酒雜誌《GaultMillau》；弟弟菲利普‧溝提契尼(Philippe Conticini)為傑出的糕餅師傅。克里斯丁回憶當時情景說：「我從小就對『香味』特別敏感，能夠立刻分辨普通人聞不出來的香味，因擁有這樣的天賦，所以早先想成為香水師；弟弟菲利普，小時候就特別喜愛甜點，閒暇時以做甜點自娛。我一直對足球賽興趣濃厚，每次深夜看完球賽，肚子餓得慌，發現菲利普已經做好甜點在廚房等著我⋯，從小，我們的關係就如此的理想。八歲時，菲利普被醫生診斷為『肥滿兒』，因此被迫立刻減肥，當時非但沒成功，反使菲利普更堅持走上糕餅師傅這條路；三十歲那

●上菜前的最後步驟─擦拭盤緣。
●得自中國香料靈感的「茉莉醬汁去骨烤鴿配青豌豆及肉桂蔥頭」。（中圖）
●「綠蔬菜螯蝦及牛肝菌的香味大雜燴」。（下圖）

年，身長一九五公分，體重高達二二〇公斤的菲利普發生交通事故，行動產生困難，再度被迫減肥，結果以十八個月的時間瘦了一二〇公斤。未減肥成功就成為TF1電視台的『52/1』節目追蹤報導對象。電視台以二個月的時間，記錄報導整個減肥的過程，並拍下所有的奮鬥經過及菲利普個人的真情告白，並出版了《我減瘦了一二〇公斤》一書。」

世界料理拼盤

混有義大利、阿拉伯等血統的家族背景，使他們從小就有機會嚐到道地的外國料理，形成對「世界料理」的喜愛；再加上他們的母親也是料理人，每天耳濡目染，這對感情濃厚的兄弟便期望經營一間充滿美食樂趣、價格平易近人的餐廳。理念相同下，他們創立了「翁費的桌子」。

坐在布置簡單、以鵝黃柔色調為底色的大廳裡，讀著內藏玄機的菜單，已經讓我興奮不已了，從開胃菜、前菜、主菜、乳酪到甜點，每道都夾雜著意想不到的驚喜，等到實地品嚐時，口感與味覺更是無與倫比；譬如我最喜歡的「海螯蝦海鮮濃湯」（soupe langoustine），別出心裁的以咖啡杯，盛著各式各樣的海鮮加新鮮奶油熬成的淡橘色濃湯，在視覺上與味覺上都同樣讓我感到愉快；另一盤開胃小品，則是以新鮮酪梨搭配小塊吐司及烤魚片而成，濃郁香甜，觸感極為柔和，是非常女性化的一道纖細精緻小品。

喜歡旅行的兩兄弟，一年有一半的時間在旅行，辦公室牆壁還懸掛了一張世界地圖。他們把在各地旅行發掘到的香料及材料，巧妙地與法國料理編織組合，呈現出新的口感與味道。如使用伊朗的「taboule」─搗碎的小麥混合番茄、洋蔥、薄荷及少許檸檬汁、甜椒混成的沙拉，再加入扇貝等海鮮及芹菜芽的「taboule海鮮冷盤沙拉」；「香蕉樹花甜蛋螯蝦沙拉」則是取自泰國的靈感；「魚露餃子St-Pierre魚」則以越南菜中的「魚露」醬為主要調味；此外，得自中國香料靈感的「茉莉醬汁去骨烤鴿配青豌豆及肉桂蔥頭」（Pigeon rôti désossé, petits pois et échalote à la cannelle, le jus au jasmin）及使用義大利lasagne麵皮製成的「青檸檬蠶豆凍酸味火魚餃子」（Lasagne de rouget acidulée, gelée de fèves au

● 外表酥脆、內心柔軟、入口即化的「流動的巧克力炸丸子」。

時吃不吃甜點的關鍵就在於甜點是否能讓食客有個意外的驚喜,使他們忘掉已經吃過不少食物,依然能再吃上幾盤!所以,糕點,對法國人而言,好比一個精緻的「夢想」,有令人無法抵抗的致命吸引力;夢想通常並非日常生活必須的,但卻是生命裡的必要。

為了將甜點本身夢幻的特質強調出來,他們特別設計出一套「甜點套餐」,連

● 具有東方特色的「四香焦糖冰淇淋烤餅」,在口感與香味上,都是非常大膽的傑作。

citron vert),都是出自兄弟兩的「世界料理大拼盤」。

隨季節的不同,他們也針對各式各樣的蕈類來設計菜色,如冬季時,以「松露」為主的「松露馬鈴薯沙拉」(Salade de pommes de terre aux truffes);夏季以「牛肝菌」(cèpe)及「雞油菌」(girolles)為主的「綠蔬茱螯蝦及牛肝菌的香味大雜燴」(Fricassée aromatique de cèpes, homard et légumes verts),都是藉由這些罕見的蕈類原味,來傳達不同的嗅覺與味覺的感官經驗。

續供應四款不同的甜點給顧客,例如該店的招牌甜點,也是我個人的最愛一外表酥脆、內心柔軟、入口即化的「流動的巧克力炸丸子」(Les croquettes au chocolat coulant),這種冷與熱、硬與軟的感官混合,真是無上的美食享受,如此難忘的經驗,我只有在越南餐館吃「油炸冰淇淋」時發生過;「香草杏子千層酥佐冷杉蜂蜜糖黃蓮木油酥餅」(Millefeuille d'oreillons d'abricots à la vanille, pistaches sablées au miel de sapin),幾乎是一道「甜蜜拼盤」,脆酥的黃蓮木奶油餅淋上

甜點與花茶的羅曼史

長久以來,法國人只在餐後食用甜點,視其為餐飲結束的完美句點。因餐點與甜點工作的程序和方法不同,料理人與糕餅師傅一向由不同的人擔任。美食餐廳對糕餅師傅的「原創性」要求,一般比料理師有過之而無不及,因為,大部分客人在吃完精緻的餐點後,通常胃已九分滿,此

香甜的蜂蜜,再配上糖醃杏子及香草冰淇淋,甜蜜中帶著酥餅油香,是吃完後會讓我至少悔恨一星期,又無法拒絕的致命吸引力;另一道「四香焦糖冰淇淋烤餅」(Touquifon, comme un

● 「香草杏子千層酥佐冷杉蜂蜜糖黃蓮木油酥餅」是帶有致命吸引力的「甜蜜拼盤」。

●兩人三腳的溝提契尼兄弟。
圖片提供／Jean.Bernard
Poree

pancake fondant au caramel glacé et aux épices），乍看好似極度失敗的美式「薄烤餅」（pancake），嚐起來有些像麵糊的焦甜味，具有東方特色的白芝麻混合著四種香料的焦糖冰淇淋，無論在口感與香味表現上，都是一道非常大膽的傑作；最後是以夏季的紅果子與黑果子為素材創作出的水果甜點—「丁子香焦糖大黃佐覆盆子」（Framboises et rhubarbe caramélisée à la girofle），中國人用來當中藥使用的大黃，在菲利普手中成了別具風味的甜點材料，搭配時鮮的覆盆子，有著綿密香濃的大自然花草氣息。

為了讓感官的享受達到極致，他們同時還建議搭配不同甜點的酒杯及甜點酒，如產於Castaud-Maurin一地的Muscat de beaumes-de-Venise及Charles Hours地的Jurançon moëlleux ven-danges tardives-1995等，通常甜酒本身年輕、口感富水果味，香味誘人。若是不喜歡喝酒，該店非常具噱頭的花果茶，也提供另一種選擇。

膳食總管將陳列著五花八門香料的推車推到我面前，依客人的香味喜好，將不同的香料、水果混合，做成新鮮花果茶。如「尼羅河眼淚」（larmes du nil）花茶，是以洛神花、柳橙皮、檸檬、葡萄柚及香草精混合成口感酸甜的花茶，不知道喝完後，埃及王曼菲士的影像會不會出現在杯底；「中國萬里長城」（Muraille de Chine）則是以薑、檸檬香味的植物、芒果、荔枝、茴香、胡荽香料調成，味道真的好比萬里長城，百轉千迴；至於名為「普羅旺斯的香味」（senteurs de provence）花茶，更將普羅旺斯最具代表性的花草如百里香、薰衣草香精、風輪菜、矢車菊、茴芹、香菫等混合，優雅甜美的香氣，使我好比置身在普羅旺斯花團錦簇的景致中，周遭頃刻間明亮起來。

我邊喝著花茶邊想，若將法國料理依特性區分，大致上可為三類：「情感的文化料理」，如訴諸情感的「母親料理」，帶有濃厚的鄉土情感；「象徵的料理」，如「銀塔」的豪華並充滿歷史回憶的料理；至於溝提契尼兄弟的料理風格，則屬「感性料理」，無法被歸類於任何特定的社會背景或文化，也並非當今法式料理流行只使用最高品質的產品，來製作出一流豪華但昂貴的法式料理；而是無分材料貴賤、食材珍稀，經由廚師本身對產品的敏感度，加上完美的技術，「轉換」產品原來的特性，賦與食材全然不同的風貌。

好比康定斯基(Kandinsky Vassilÿ，一八六六～一九四四)，尚未來到巴黎前，亦追逐流行於當時的「野獸主義」（fauvisme），結果在模仿的過程中，加入個人的敏感，發展出屬於自己的風格，創立了「抽象畫派」。溝提契尼兄弟的「世界料理甜點拼盤」，一如義大利文藝復興時代的畫家提香(Titien，一四九○～一五七六)所言：「藝術超越自然！」，是料理師渴望探索自然、轉變自然的成果。

艾力克・魯瑟夫 *Eric Lecerf*

幾位朋友,一頓佳肴美酒…,這就是人生!

簡單的東西,有時唾手可得。

～艾力克・魯瑟夫

●整間餐廳全部以「虛擬障眼法」畫成，籠罩在三〇年代末「新超現實主義」的氛圍中。圖片提供／J.F.Jaussaud

海星（L'Astor ）
《米其林》＊
《GaultMillau》17／20
地址：11,rue Astorg 75008 Paris
地鐵站：S-Augustin
電話：01 53 05 05 20
傳真：01 53 05 05 30
套餐（Menu）：290法郎（含酒）
單點組合（Carte）：290～420法郎
20席

●外表顯現一九三○年代「新藝術」風格的石雕建築。

　　一九九六年，喬埃爾・霍布匈（Joël Robuchon）在事業達到頂峰之際，宣布退休，這個消息曾經引起世界媒體一陣喧嘩；對霍布匈念念不忘的食客，希望有一天，能再次嚐到他的料理…。所幸，自料理的第一線退休，但以「顧問」身份，於一九九六年成爲「海星」餐廳的管理者，他選擇了跟隨他將近八年的愛徒─艾力克・魯瑟夫(Eric Lecerf)，這名年方三十三歲，霍布匈口中「木訥、正直、責任感強，且技術完美」的料理人，掌廚一年後，果未讓他失望，一九九七年版的《米其林》，「海星」得到一顆星。魯瑟夫形容他當時的心情：「在新版《米其林》發布的前晚，我緊張地吃不下飯、睡不著覺，腦中盤旋著一個念頭─如果我並未得到一顆星，如何面對老師對我的期望呢？…結果，隔天，新版的《米其林》中，『海星』得到一顆星，不敢相信這竟然會是眞的，我又看了好幾遍！…」。

●「海星」餐廳的菜單。

●小巧雅緻的圖書館沙龍。

陶成完美的料理人

魯瑟夫和霍布匈這對亦師徒亦父子的搭檔，始於霍布匈在巴黎開的第一間餐廳，名為「Jamin」，尚未正式開始營業時，「Jamin」已經成為業者、媒體爭相討論的話題，一開張就門庭若市，並且，第一年獲得一顆星，第二年二顆星，第三年三顆星，以法國料理史上前所未有的速度，獲得《米其林》三顆星的最高評價。在霍布匈獲得「世界料理人」的稱號之前，已經是年輕料理人心目中的「英雄」，當時，沒有一個人不嚮往成為霍布匈的弟子；而當時，「Jamin」廚房原本是只有八個人的工作班底，隨著餐廳的星數上揚，食客愈來愈多，廚房也增加到二十人，也就是在一九八二年，魯瑟夫成為霍布匈的門生，從此展開了兩人師徒的關係。

一旦進入「Jamin」廚房，原本談笑風生的霍布匈，頃刻間嚴肅起來，廚房之中，不必要的話不說，所有的精力都集中在料理上；整間廚房

● 「海星」餐廳一景。

安靜得只聽到切菜、移動鍋子的聲音,每位料理人的動作都非常純粹熟練,宛如最有效率的機器人,來回操作著同樣的動作,但是,沒有任何人抱怨或臉上顯示出厭煩的表情,個個屏氣凝神地,在最短的時間內,以最優秀的手藝完成手邊的工作;魯瑟夫回憶當時的情景說:「料理人的工作時間非常長,從上午八點進廚房,一待就待到午夜二點,吃飯時也不例外,若非有『鐵』般的意志,對料理執著不變的熱情與期望有朝一日,能成為『世界一級料理人』的渴望,是絕對熬不過的!在這兒,神奇地是,和霍布匈先生一塊兒工作,大伙兒都忘掉了時間的存在,心力只集中在自己的工作上。」待在霍布匈的身邊近八年的時間,魯瑟夫每天耳濡目染霍布匈對料理的執著與認真的態度,漸漸地,磨練成為如霍布匈一般,具有完美職業技能的料理人⋯。

然而,學成後的魯瑟夫,並未在巴黎展開他的職業生涯,而是在靠近蒙彼利埃(Montpellier)南邊,貝碧濃(Perpignan)小鎮上的「Park Hotel」飯店內的餐館「Chapon Fin」當主廚。這間餐廳的風格是「酒吧間」(bistrot)兼「美食餐廳」,來往的客人多為當地居民或西班牙人,所使用的產品都是土產,而此地居民接受的能力,如「新鮮大膽創意」、「不同的味覺經驗」等,也不如巴黎食客來得多元化。為了尋求料理境界更多發展的可能,四年後,魯瑟夫再度回到巴黎。

一九九六年十月,魯瑟夫被霍布匈指派擔任「海星」餐廳主廚。面臨這個跟鉅但充滿挑戰性的工作,魯瑟夫要如何滿足對「霍布匈料理」念念不忘的食客。因為這間餐廳也提供飯店的旅客當早餐室使用,使得早晨必須自十一點半開始,才能空出清理並擺放餐具等;而且,真正留在餐廳內用餐的旅客,只占二%~三%,餐廳若要生存,端視是否能從「附屬於飯店內的餐廳」形象,獨立出來,自成一格,成為真正的美食餐廳;此外,他的料理風格是否能「青出於藍,更勝於藍」,以「魯瑟夫料理」征服老顧客的心。

「夢幻水族館」料理

●外形有些像「毛毛蟲」的「橄欖油淋包茄子鮪魚脊肉餡卷」。

我滿懷著疑問，來到位於僻靜小巷內的飯店前，這棟外表顯現一九三○年代「新藝術」（Art Nouveau)風格的石雕建築，是由法國最著名的室內設計師——菲德利克・米契胥(Frédéric Mechiche)設計。一進餐廳入口，立刻為它獨特的橢圓形空間所吸引；整個餐廳以「虛擬障眼法」(trompe-l'oeil)畫成，籠罩在三○年代末「新超現實主義」(néo-surréalisme)的氛圍中—如天花板的凹凸格裝飾、落地鏡邊的線腳、螺旋形的柱子，最神奇的是，大塊菱型格子圖案組成的羊皮壁紙上，爬滿了石膏打造的貝殼

壁燈及海星…，使得這間餐廳活像一間「夢幻水族館」；然而，大廳整體的力量卻被地毯、窗簾、椅子上，無處不在的，如撲克牌般的米灰色、黑灰色的菱形圖案，給拉得沉穩下來；白色的花瓶內插滿了水仙花，為大廳增添了一絲優雅的氣息；以「海星」、「風中的玫瑰」及「夜晚的藍」為主題設計的餐盤，則帶著點童話氣息…。

「這麼棒的裝潢，料理一定也很好吃吧！」我邊想邊興奮地打開垂著紅色綴子的黑灰色菜單，映入眼簾的，除了少數幾道被老饕歌頌為「霍布匈料理傳奇」的「花椰菜醬佐魚子醬凍」(Gelée de caviar à la crème de chou-fleur)、「炖豬頭配著名的馬鈴薯泥」(Tête de cochon mijotée et la fameuse puree de pomme de terre)等外，全部為

●在顧客尚未到來時，偷得浮日片刻閒的膳食總管。
●「海星」餐廳的主廚與膳食總管。（右圖）

魯瑟夫的料理；他加入不少在「Chapon Fin」當主廚時，利用所發現的香草料及食材所做成的，略帶西班牙「卡達盧尼亞」(catalogne)風的料理。更體貼地是，為了將法國美食融入現代的工商業社會中，菜單上還設計了一套僅二九五法郎的「俱樂部套餐」(Menu Club)，包括「開胃菜」(hors d'oeuvre)、魚或肉的「主菜」(plat)、「乳酪」(fromage)、「甜點」(dessert)、咖啡及酒。這個物超所值的套餐設計，一掃大多數高檔餐廳中午生意冷清的情況。點了菜，我稍稍放鬆地喝了點香檳，靜靜等待即將開始的美食冒險…，心情有點兒像坐雲霄飛車，抓緊桿子準備享受一場永生難忘的刺激經驗。

我等了一會兒，一只小白碗內盛著以辛香菜、洋蔥、芥末、奶油等調製的「沙丁魚肉醬」(Rillettes du sardine)，搭配烤法國麵包片食用，口感非常清爽。又過了一會，端上來一盤「蔬菜螯蝦冷湯」(Gazppacho de homard)，通常在法國料理中，湯在正式的場合一向少見，但是各個都別具風味。比如這道冷湯，是以黃瓜、甜椒、番茄等蔬菜打成新鮮蔬果汁，再加入上等的螯蝦肉丁，成了這道又新鮮又酸甜可口的開胃湯，在炎熱的夏天裡，真是非常好的安排，我喝到一滴不剩，心中已經燃起對下道菜的期待…。

接下來是外形有些像「毛毛蟲」的「橄欖油淋包茄子鮪魚脊肉餡卷」(Cannellonis fondants d'aubergines aux filets de thon à l'huile vierge)，橄欖油上還混合了剁碎的黑橄欖調成的調味醬 (tapenade d'huile d'olive)；入口時，豐富柔細的觸感已使我驚喜萬分，融入口中再加上各個材料的味道(如番茄與茄子)、口感(鮪魚脊肉與Parmesan乾酪片的軟硬、乾濕)等細節，都因廚師的匠心獨運，有了出乎意外的和諧與美味。我真正體會到法國料理的偉大在於對所有細節的考究與經營。這道來

●「八角茴香凍佐茴香調味汁」。

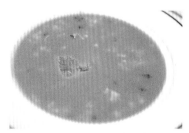

●酸甜可口的開胃湯「蔬菜螯蝦冷湯」。

●優雅的「海星」餐廳 pub 一景。

●口感豐富的「青蘋果冰糕佐鬆脆紅茶乳塔」。

自普羅旺斯靈感的佳肴，讓我永生不忘。

不過，接下來這道堪稱魯瑟夫招牌菜的「蜘蛛蟹八角茴香凍佐茴香調味汁」(Araignée de mer en gelée anisée à la crème de fenouil)，又將帶給我什麼樣無與倫比的感官體驗呢？

極簡盤中藝術

望著眼前這盤菜，心中有個感覺，魯瑟夫的菜真是如其人，非常的樸實，一點兒也不矯揉造作；他既不會花功夫雕飾一些不必要的「盤景」，也不會花大錢買一些名家製造的盤子，以提昇菜肴的「附加價值」，而是直接訴諸「盤中物」、「食客的感官經驗」，其餘一切都是多餘。「八角茴香凍佐茴香調味汁」也如其他菜一般，分開嚐時，八角茴香凍、蜘蛛蟹、茴香調味汁的口感層次分明，但同時入口，又如此和諧。

「St-Pierre魚佐馬鈴薯」(St-Pierre cuit à l'arête, pommes boulangère)，為了保留魚肉的鮮美，以魚骨烹調，再搭配馬鈴薯泥及松露調成的調醬，之後再增添能夠豐富口感的「鹽中之

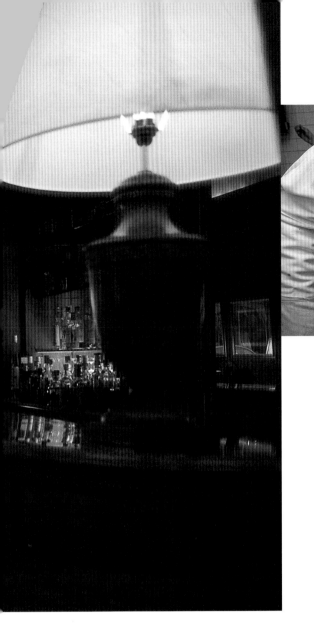

●耗時費神的「繪盤」功夫。

sorbet au basilic citronné)，嚐起來，有如初戀般酸酸甜甜的感覺；另一道「青蘋果冰糕佐鬆脆紅茶乳塔」(Cristalline à la pomme verte, crème croustillante au thé)則又呈現了不同的口感。配上楓糖漿的鬆脆紅茶乳塔，味道濃郁香甜，而表層的結晶與茶乳的柔軟滑潤又形成兩種不同的口感，再搭配冷的蘋果冰糕及細薄的糖醃蘋果片，是口感豐富的一道佳作。

　　試過魯瑟夫這些拿手菜，我坐在小巧雅致的圖書館沙龍裡，邊喝咖啡邊想，這位霍布匈的秘密傳人，似乎漸漸揉入愈來愈多南法料理的風格—「入口甜美、口感豐富」的特色儼然生成；但是，魯瑟夫若想擺脫恩師料理的影響，自創風格，似乎得更確切地掌握自己料理的特質、並得完全發揮才行。魯瑟夫懷著對恩師無比尊敬心情說：「自從開幕以來，霍布匈常常來此探望，但他從不涉足廚房，只一再地重覆：『魯瑟夫得早日找出自己的料理風格。』」這位霍布匈的秘密傳人未來的路，想必是非常艱苦而具挑戰性的，但我期待他的成功…。

花」，是既濃郁又香甜的料理；不過，比起暗藏玄機的「捲心菜包鵝肝鴿胸肉」(Suprême de pigeon au chou et au foie gras)，還是略遜一籌。這道菜吃時得搭配馬鈴薯泥，最後再以「鴿腿沙拉」終結，我的建議是搭配聖美濃或羅亞爾河谷出產，口感較為柔順的紅酒，免得蓋過了鴿肉的鮮美。

　　又到了我最喜歡的甜點時刻，我試了兩道季節性甜點。一道為集春天時鮮水果百匯的「春季水果百匯配檸檬九層塔冰糕」(Nage de fruits printanière,

●暗藏玄機的「捲心菜包鵝肝鴿胸肉」。

Lyon

里昂料理師認為：「人生與煎蛋捲一般，掌握時機很重要！」

保羅・包庫斯 *Paul Bocuse*

Bons Produits
Bonne Cuisine
Paul Bocuse
8 juillet 1998

圖片提供／Hei mermann

好的農產品,好的料理。

～保羅・包庫斯

●沙龍內擺設著漂亮的桃木桌椅，大塊玻璃鏡覆蓋的牆面上，掛滿了琳瑯滿目的靜物畫
及富歷史意義的照片，在在訴說著那個時代的歡樂氣氛。

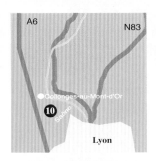

保羅・包庫斯(Paul Bocuse)
《米其林》＊＊＊
《GaultMillau》17/20
地址：50, quai de la Plage Collonges-au-Mont-D'Or
電話：04 72 42 90 90
傳真：04 72 27 85 87
套餐（Menu）：510～740法郎
單點組合（Carte）：500～700法郎
全年無休

●「保羅‧包庫斯」餐廳，外表如格林童話中餅乾糖果屋的紅綠建築，乍看之下，還以為是出自畫家高更的傑作。

這棟位於金山哥倫(Collonges-au-Mont-d'Or)，面對索恩河(Saône)橋，外表如格林童話中餅乾糖果屋的紅綠建築物，乍看之下，還以為是出自畫家高更(Paul Gauguin，一八四八～一九○三)的傑作；屹立在二樓窗台的保羅‧包庫斯畫像，如教皇聖保祿二世般，在一堆宴會的甜點盤間，投給每位前來朝聖的饕客一個招牌微笑。

越過美食聖地的門檻，踩在刻著歷年來贏得「保羅‧包庫斯世界美食比賽」冠軍得主名字的銅磚上，我好奇地端視著燈火通亮、外表有一點兒像日本 love hotel的餐廳入口，而二樓牆面上，由兩隻公雞守衛著的奇怪的十二星座圖，被保羅‧包庫斯招牌菜—「鱸魚餡餅」，及各式各樣美味可口的甜點包圍，使得美味的誘惑裡，增添了一股幻夢的色彩。最有趣的是庭園中，七幅以「大廚之道」(La Rue des Grands Chefs)為名的巨幅壁畫，在燦爛的陽光下，似乎散發著更為奇異的光芒…

●「保羅‧包庫斯」餐廳的菜單。

●巨幅的保羅・包庫斯畫像掛在最顯眼的入口處,他兩手交叉於胸前,像時代巨人般站立在一堆美食間…。
●「保羅・包庫斯」餐廳得到法國傑出工作者「M.O.F.」的成員。由左至右為主廚克里斯汀・布法雷、羅傑・佳陸、保羅・包庫斯、尚・佛勒利,及領班法斯瓦・畢巴拉。

推薦菜單

♣

V.G.E.黑松露湯
Soupe aux truffes noires V.G.E.

♠

秋侖醬佐螯蝦慕斯鱸魚餡餅
Loup en croûte à la mousse de homard, sauce Choron

羊肚菌貝列斯雞
Volaille de Bresse en soupière, sauce suprême

鬆脆馬鈴薯羊魚
Rouget barbet en ecailles

費納・普安麵佐鰨魚脊肉
Filets de sole aux nouilles Fernand Point

牛奶乳皮醬汁佐貝列斯母雞囊袋
Poularde de Bresse en vessie, sauce fleurette

串烤貝列斯雞
Volaille de Bresse rôtie à la broche au feu de bois

♥

總統櫻桃巧克力蛋糕
President chocolat griottes Maurice Bernachon

粗紅糖奶油泥
Crème brûlée à la Cassonade Sirio

蘭姆酒水果蛋糕
Baba au rhun

包庫斯祖母泡沫蛋白
Oeufs à la neige grand-mère Bocuse

「媒體」造英雄,「英雄」創「媒體」

　　知道如何烹調是上帝賜予人間的恩惠,但就某種因緣際會而言,卻也是一種命運的安排;保羅・包庫斯,這位法國當代無人能出其右的廚界奇人,生於世代相傳的烹飪世家。自出生起,他的周圍即圍繞了一群廚師,在寂靜的鄉間中成長的保羅・包庫斯,很早就開始幻想思考未來的種種可能;他先在維也納,當時法國二十世紀最偉大的廚師費納・普安三顆星的餐廳「金字塔」(Le Pyramide)當學徒;之後,又去了巴黎三顆星的餐廳「路卡斯・卡東」繼續鑽研廚藝。一九五七年,他回到家鄉,接手經營祖先留下來的磨坊餐廳,將之改建成傳統里昂式的法式餐廳;一九六一年,當選法國最出色的料理工作者,而他的餐廳,也自一九六五年起,贏得米其林三顆星級評價,紀錄維持至今,打破法國料理史的紀錄。

　　戰爭期間,「廚師」被認為是非常低下的工作,在骯髒狹小的地下室,如老鼠般地生存著…,唯一帶來安慰的,是馬德拉葡萄酒(vin de

以製作糕點聞名的廚師馬利一安東尼‧卡漢姆 (Marie-Antonin Carême，一七八三～一八三三)

他雖然不是拿破崙的私人廚師，卻經常受命於拿破崙及皇后約瑟芬，負責所有的御宴；並擔任當時有名的政治家塔勒宏(Charles Maurice de Talleyrand，一七五四～一八三八)「外交餐會」的靈魂人物長達十二年之久，成為有史以來第一位「美食外交官」。為了將料理推往「藝術」境界，他著作以矯正陳腐的觀念、設計新的烹調器材；為了在糕點的造型及口感上精益求精，又每日埋首於巴黎的「國家圖書館」，研究建築設計圖，發明了「立體蛋糕」並因此贏得「糕餅建築師」美名；並且將世界各地重要的料理技巧及食譜集結成冊發表，供後人參考，堪稱法國料理史上第一位具代表性的人物。一八九四年時，巴黎雷阿勒(Les Halles)區附近的一條小街還曾以他命名。

Madere)。那個時代，很多廚師都變成了酒鬼，有些廚師在酒裏加鹽巴，為的是阻止自己喝酒；然而，很多廚師的一生都默默無聞、悲傷地度過…。那時，包庫斯與幾位廚界好友在六〇年代，率先興起「法國大廚」思潮運動，倡導主廚走出油膩的廚房，面對群眾，並且身兼餐館老闆、做自己的主人。這個思潮運動，在媒體的炒作下很快變調，成為一九七〇年代的「法國新料理」(La nouvelle cuisine)運動。大家都標榜「創新」，與「傳統料理」及草根性強的「鄉土料理」絕裂；每天創新，將一些自異國引進的香料與食材，即興發揮，造成捨本逐末的料理，結果卻沒有一道菜可以入口。而當時的媒體卻一致推舉包庫斯為此「法國新料理」宣言的主角，並以「教皇」來凸顯他的地位；結果，在「法國新料理」被全面否定、批判的今日，他又成了眾矢之的，命運真是叫人捉摸不定…。

然而，非常懂得運用「媒體」的包庫斯，卻因善於利用他的「名字」，為他在海外賺取大筆鈔票，尤其是日本。十多年前，我曾在東京的Daimaru百貨

公司內，發現以「Paul Bocuse」為名的麵包店與精品店，麵包店設計得如同一間超大型的透明水族箱，麵包師傅們就在眾目睽睽下做出一百多種不同的維也納麵包(viennoiseries)，而一盤盤剛出爐的麵包，自由自在地在空氣中飄散陣陣誘人的香味…。像這樣的店，今天據說已高達十五家之多；在這間超大型的「水族箱」旁，他與日本的Suntory公司合作，開設了一間六十五席的餐廳，名為「大師包庫斯」(Maestro Bocuse)，由他的兩位愛徒主持；此外，在佛羅里達州，他還與羅傑‧費皆(Roger Vergé)及卡斯東‧陸濃特(Gaston Lenotre)共創「Epcot」法式餐

●紀洛（L.Jirlow）為昔日天天高朋滿座的「保羅‧包庫斯」餐廳繪製。

廳，可以容納三千席。包庫斯雖然不是游泳健將，卻經營一艘可容納七五〇位乘客的小船，它規律地繞著地球跑，替他賺取海外基金；而喜歡「教育工作」的他，與出版社也保持了非常好的關係，最近他才又剛剛出版了一本《法國的料理》(Cuisine de France)。之後，又得馬不停蹄地前往德國國家電視台二台，錄製每週播出的常態節目；而錄影剛結束，他又得回答記者們「是否其他的法國廚師未經其授權，不得與日本進行生意往來？」「是否在日本有類似『黑手黨』或『保皇黨』的Paul Bocuse組織？」。不過，這位法國料理界教皇級的人物，隨著歲月的流逝，漸漸

保羅・包庫斯向偉大的「媽媽料理」中的女廚師致敬之作

畫中分站左右的為一九三〇年代，里昂「媽媽料理」的代言人──阿蘭妮・巴戚耶(Eugénie Brazier)，及人稱「Filloux媽媽」的方素華・富久樂(Françoise Foujolle)；早年巴戚耶曾受雇於Filloux媽媽，從她那兒學會做「松露嵌餡雞」(Poularde demi-deuil)，然因兩人個性不同，很快便分道揚鑣，後來，巴戚耶半開玩笑半諷刺地說：「她雖知道如何切雞、鴨，但我卻知道如何烹調。」；一九三三年，巴戚耶成為第一位獲得米其林三顆星的主廚。圖中巴戚耶正準備著她的「鵝肝朝鮮薊」，而Filloux媽媽則忙著以著名的小刀切著她的招牌菜「松露嵌餡雞」，根據一九二八年《里昂料理》(La Cuisine Lyonnaise)的記載，三十年間，Filloux媽媽切超過五十萬隻雞，卻僅用二把刀，技術可謂臻至完美，而其中的一把刀現為保羅・包庫斯擁有。一九二二年，在位於皇家街(rue royal)的巴戚耶「Col de la Luère」餐館，包庫斯學到「母親料理」的精華。

地，他的教皇地位也遭受到空前未有的挑戰。

進入餐廳，一如往常地，巨幅的保羅・包庫斯畫像掛在最顯眼的入口處，他兩手交叉於胸前，像時代巨人般站立在一堆美食間，威嚴的畫像座落在金碧輝煌的室內，直叫我有一點兒透不過氣來…。沙龍內擺設著漂亮的桃木桌椅，據說是前人留下來的古董；此外，餐廳內馬賽克式的地磚、二樓一八三二年的傳統壁爐也都被完整地保存。身在其中的我，依然能感受到那個時代的歡樂氣氛。大塊玻璃鏡覆蓋的牆面上，掛滿了琳瑯滿目的靜物畫及富歷史意義的照片；白晃晃的餐桌上，擺設著高腳銀燭台…。這間昔日天天高朋滿座、食客至少在二、三個月前得訂位，並頻頻被燦爛的歷史性時刻所包圍的餐廳，當我推門而入時，屋內冷清的光景，讓我有些兒訝異！整間餐廳只有一桌客人，而年邁的包庫斯，正與客人聊著天…。在餐廳領班法斯瓦・畢巴拉的領航下，我來到預約的位子坐下來…。

永不殞落的廚界明星

忽然間，我明白，保羅・包庫斯，這個廚界

的傳奇名字，已成為獨一無二的絕響。當法國料理界以「過氣」、「不合乎時代潮流」來稱呼這位曾被媒體烘抬為「教皇」的老前輩，就如同我們觀賞完收藏了各世紀珍貴名畫的羅浮宮後，為了騰出更多的空間給我們心愛的畫，就將其中比較不出色、手法比較不合乎現代口味的畫作挪移，無異於藐視歷史本身並企圖為歷史斷章取義。

身穿領口設計成法國三色國旗主廚服的包庫斯，向我迎面走來，像位老朋友似地，很親切地坐在我旁邊，我端詳著這位彷彿從畫像中走出的真實人物，一時之間有些難以置信…。八十歲的他，依舊神采飛揚，只是聲音中流露出隱藏不住的疲憊…。面對著經營日益困難的高檔餐廳、逐漸改變的飲食習慣，堅持傳統的他，要如何才能保持無可動搖的教皇地位呢？他似乎看穿了我的想法，乾脆告訴我，這兒的生意已大不如前，但他最近在里昂開的三家名為北(Le Nord)、東(L'Est)、南(Le Sud)的啤酒店(brasserie)，卻是門庭若市，每天營業額高達三百席；此外，每餐約一百法郎(約台幣六百元)的消費額，也吸引了年輕人前來。

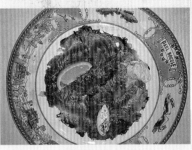

●每道菜餚，甚至咖啡杯，都以印有Paul Bocuse字樣的彩繪風景食器盛裝。

今日的包庫斯，與其說是一位料理師，不如尊稱他「法國料理的外交家」或「料理明星」，他不但經常到世界各地去推廣法國菜，也是薄酒來(beaujolais)Georges Duboeuf酒莊，甚至里昂木偶戲主角Guignol的代言人。為了挽救夕陽西下的法國料理工業，也為了喚回大家對「傳統料理」及「鄉土料理」的尊敬，他在距離美食城里昂市中心約十分鐘的埃古利(Ecully)，建立了一座專業「廚藝與飯店學校」──EACH(Ecole des arts culinaires et de l'hotellerie)，以三年的時間來訓練飯店高級管理人員、經理及廚師。每年包含六個月的學校訓練與五個月的實地實習，並設有專業品酒的訓練課程，目的是為了訓練出一批在國際市場能脫穎而出的優秀下一代。

我點了幾道他的拿手菜。一道為一九七五年時，他特地為當時的總統季斯卡(Valéry Giscard d'Estaing)做的一道「V.G.E.黑松露湯」(Soupe aux truffes noires V.G.E.)，以起司麵皮包裹著讓人聞之欲醉的松露濃湯，要價高達新台幣二千元，是法國有史以來最名貴的「黑鑽湯」；另一道該店的招牌菜「秋侖醬佐螫蝦慕斯鱸魚餡餅」(Loup en croûte à la mousse de homard, sauce Choron)，是以布列塔尼

向當代的偉大廚師致敬之作

左起第一位為法斯瓦·畢斯和他的代表菜餚──「方形肉餡餅」(oreiller de la belle Aurore)。為向法國美食主義奠基的作家兼行政官布里亞·薩瓦蘭的母親克勞汀·歐紅(Claudine Aurore)致敬之作。抱著一籃松露、面露得意狀的賈克·皮克(Jacques Pic)與專心致志，沉醉於「酸模鮭魚」世界裡的喬·托格侯形成強烈對比，喬·托格侯曾說：「如果一位廚師在一生裡，能夠發明一道菜，就算得上是一位偉大的廚師了。」圖中，我最仰慕的亞倫·夏貝爾(Alain Chapel)，正害羞地向世人展現他的拿手菜「小牛肋骨」(côte de veau)；至於身後那台黑白電視螢光幕上出現的大鬍子伯伯，就是將法國料理帶入媒體新世紀，在「大菲弗」餐廳掌廚將近三十六年的雷蒙·奧利非(Raymond Oliver，一九〇九～)。

「法國料理的駐日大使」過靜雄

過靜雄集記者、作家、企業主管、法國料理學校校長於一身。他早在戰後即著手研究法國文化，對法國料理研究極深，並完成這本重達一○.七公斤，被保羅·包庫斯喻為法國料理經典著作──《法國料理研究》(Etude historique de la cuisine française)。他是第一位將榮獲一九六八年「法國最傑出工作者」的法國大廚克勞德·汀溝(Claude Tingaud)邀請到日本獻藝的日本人，並且之後陸續地邀請如保羅·包庫斯、喬和皮耶、托格侯兩兄弟、亞蘭·夏貝爾、法斯瓦·畢斯(François Bise)、路易·伍堤耶(Louis Outhier)等人來日本；受頒贈「榮譽博士」(M.O.F. Honoris Causa)殊榮後不久，他為了更進一步以法國原產地的素材，做出真正的法國料理，在里昂附近的里爾格(Liergues)及黑伊爾(Reyrieux)兩地建立「Tsuji學校」，吸引大批的日本年輕學子前來法國學習真正的法國料理，真可謂法國料理的駐日大使。

鰲蝦肉打成的慕斯裏著新鮮的鱸魚肉，再塞入鱸魚造型的餡餅內烤成，是一道非常豪華的宴會料理；最後一道「羊肚菌貝列斯雞」(Volaille de Bresse en soupière, sauce suprême)則以上好的貝列斯雞，搭配濃郁芳香的羊肚菌

(morilles)及原味雞汁熬成的調醬，香甜可口、份量十足。接下來是琳琅滿目的甜點盤，每道都是法式傳統甜點的代表，如以季節水果搭配做成的「糖醃水果大使」(Ambassadeur aux fruits confits)、口感柔細輕盈的「包庫斯祖母的泡沫蛋白」(Oeufs à la neige grand-mère Bocuse)，至於口味最道地的「蘭姆酒水果蛋糕」(Baba au rhum)，是吃完後會讓我產生飄飄然幸福感的甜點；該店的「總統櫻桃巧克力蛋糕」(Président chocolat griottes Maurice Bernachon)更是好得不在話下；還有，你千萬不能錯過表面覆蓋著硬硬的一層焦糖薄片，內心為柔軟奶油泥的「粗紅糖奶

油泥」(crème brûlée à la Cassonade Sirio)。在這兒，每道菜肴，甚至咖啡杯，都以印有Paul Bocuse字樣的彩繪風景食器盛著，而餐巾環或菜單封面上，也都印有無處不在的保羅·包庫斯兩手交叉的形象。

餐後，主廚尚·佛勒利突如其來地出現，這位逐漸取代包庫斯的主廚，留給我一句話：「世間並不存在新或舊的法國料理，只存在一種料理──好的料理！」；之後，他神情緊張地對我抱歉，因為他得趕到另外一家新開的啤酒店，為宣傳拍照。我趕緊問他：「那麼！我可以向保羅·包庫斯先生說聲再見嗎？」，他不好意思地回答我：「但是，…他已經到那兒去了！…」。這位廚界的八十歲明星，今日，仍繼續為著他的「啤酒店」，趕場演出著…。

向法國近期料理藝術的革新者──保羅·包庫斯及他的好友致敬。

在他的餐廳裡，包括他自己在內，共有五位法國最傑出的工作者，如主廚羅傑·佳陸(Roger Jalou)、主廚尚·佛勒利(Jean Fleury)，分別為一九七六年及一九七九年「M.O.F.」；以「甜點拼盤」聞名業界的糕點主廚克里斯汀·布法雷(Christian Bouvarel)，和永遠臉上帶著笑容的餐廳領班法斯瓦·畢巴拉(François Pipala)，在一九九三年得到「法國傑出工作者」。一間餐廳內，同時有五位法國傑出工作者，也算是一項空前的紀錄。

米謝爾和皮耶·托格侯 *Michel & Pierre Troisgros*

圖片提供／Derek Hudson 1995

料理中，若無傳統，便沒有任何創新。

妙～！妙～！（好吃）

～皮耶·托格侯

●米謝爾和皮耶‧托格侯父子。圖片提供／Troisgros

三個胖子(Troisgros)
《米其林》＊＊＊
《GaultMillau》19/20
地址：place de la Gare de Roanne
電話：04 77 71 66 97
傳真：04 77 70 39 77
套餐（Menu）：商業午餐300法郎，600～730法郎
單點組合（Carte）：700法郎
週二晚餐、週三，二月寒假，8月1日～15日休息
25 席

●喬與皮耶在胡安車站前合影。

●「三個胖子」餐廳的菜單。

　　位於胡安(Roanne)小鎮的「三個胖子」餐廳(Troisgros)，三十年前，以「酸模鮭魚」(L'escalope de saumon à l'oseille)聞名於世，同年度，贏得《米其林》三顆星最高評價，不但成為世人爭相「剽竊」的經典作品，胡安小鎮更因這道菜一舉成名，變成國際觀光城市；位於餐廳旁的胡安火車站，也因此變換新貌，漆上了鮭魚般的橘紅色及酸模葉(oseille)的綠色，如同一盤放大的「酸模鮭魚」，毫不遮掩地向每位進出站的過客，散發著「色、香、味」的印像魔力；面對餐廳正門的小圓環花圃上，矗立著阿爾曼(Arman)以無數的叉子堆疊而成的雕塑作品「貪吃美食者」(Les Gourmandes)，更賦予「三個胖子」餐廳不可抗拒的吸引力…。

　　我懷著「朝聖」的心情進入這所「食之聖殿」，期待另一次感官的洗禮。入眼所及是單調而略顯「現代」的大廳接待處，活像個高級旅館，但當侍者引領我跨越過餐廳入口處的門檻，另一個「桃花源」仙境豁然在眼前展開…。

●喜愛印像派繪畫的皮耶攝於印象畫廳。

推薦菜單

♣

辣根荽炸青蛙腿
Beignets de cuisses de grenouilles au raifort

義式麵皮夾新鮮胡桃及栗子
Entre-deux lasagnes, Noix fraîches et potimarron

海膽茴香小皿
Cassolette d'oursins et de fenouil

♠

乾果大菱鮃
Blanc de turbot aux petits fruits secs

丁子香羊肉塊
carré d'agneau piqué à la girofle Fleurie

Fleurie酒汁牛肉及骨髓佐乾酪絲烤佛黑茲安的馬鈴薯片
Pièce de boeuf au Fleurie et à la moelle，gratin forézien

酸模鮭魚
L'escalope de saumon à l'oseille

♥

咖啡橘子薄派
Tarte fine au café et à l'orange

如「空氣」般的木瓜薄蛋餅
Crêpe legère comme "l'air" aux coings

甜點拼盤
Grand Dessert

印象·日本·料理觀

　　牆上淡雅的紫色抽像畫映照著桌上五顏六色的鮮花，入口的書架上，零落地置放著托格侯(Troisgros)的食譜及法國料理大師們的廚藝寶典，彷彿向世人見証著輝煌的過去，並展臂迎接全新的未來。轉角的架子上假可亂眞、五顏六色的蔬果模型，透露著米謝爾和皮耶·托格侯父子與日本料理界緊密的關係。因爲他們喜愛印像派繪畫、雕塑、現代詩並深受日本料理美學的影響，使得餐廳本身及餐盤中，都流露出完全的藝術家氣質。餐廳牆壁上掛滿色彩繽紛的印像派繪畫作品。他們甚至將採自藝術家的靈感，轉化爲一盤盤兼具知性與感性的佳肴。諸如將阿爾曼的「貪吃美食者」縮小，轉化成「阿爾曼蘋果」(La Pomme d'Arman)；或取自印像派繪畫的靈感創作的「畫家的調色盤」(La Palette de peintre)；以不同的水果、水果醬汁及新鮮的稀奶油，調成五顏六色的印像派水果盤；又如永恆的「酸模鮭

的「法國梧桐飯店」(Hôtel des Platanes)轉售的消息,他們經過幾番考慮便決定遠離家鄉,在胡安重新開始。

很快地,此間兼小酒吧的旅館成為小鎮的焦點。瑪麗掌廚,喬-巴伯斯特負責酒單,形成最完美的法國料理搭配;他們的菜單上,幾乎囊括了當時所有里昂的佳肴,並不時地更新菜單。前菜(Entrée)如「大蒜青蛙腿」(Les cuisses de grenouilles poêlées à l'ail)、「火腿冷盤」(Jambon persille)、「清煮螯蝦」(Écrevisses à la nage),甚至剛釣起來的新鮮「炸鉤魚」(Friture de goujons),「紅酒洋蔥鰻魚」(Anguilles au vin rouge)等;至於主菜

●名滿天下的「酸模鮭魚」。

魚」:淡黃的濃香奶油汁上,幾瓣漂浮的酸模葉圍繞著鮮嫩的鮭魚,宛如細緻的日本繪畫;甚或具有阿拉伯抽像幾何造型風格的甜點「蘋果的遊戲」(Le Jeu de Pommes),或「鳳梨片及椰子冰糕」(Arabesque à l'ananas et noix de coco),都足見他們詩意、追求純粹的藝術料理哲思。

(Plat principal)方面,「白汁牛肉塊」(Blanquette de veau)、「文火燉煮小牛胸骨肉」(Tendrons de veau braisés)等里昂美味,皆是他倆菜單上的常客。甚至連甜點都見巧思。例如「挪威煎蛋捲」(Omelette norvégienne)、「火燒可麗餅」(Crêpes flambées)、「皇太后米糕」(Gâteau de riz à l'impératrice)等。來到此地的顧客,無不為他們

然而,這名滿天下的餐廳其成功並非偶然…。故事開始於一九三〇年祖父喬-巴伯斯特·托格侯(Jean-Baptiste Troisgros)。其家族原本經營葡萄園,因為家族的三位成員各各宛如童話故事中的巨人,故被當地人謔稱為「三個胖子」(Troisgros),亦為其姓氏起源之典故。一九二五年,喬與經營咖啡店的瑪麗(Marie)結為夫婦,婚後不久,即擁有喬與皮耶兩兄弟,原本不大的空間一下子縮小許多,當親人向他倆提到位於胡安車站前

的美酒佳肴及餐廳溫暖的氣氛所感動,口耳相傳下,很快成為人們聚集的中心;但是,年輕的夫婦並不以此為滿,更渴望有朝一日,他們的「酒吧間」(bistrot)能夠成為真正的「精緻美食餐廳」

●皮耶在貢巴斯(Combas)為他畫的「廚師」畫像前留影。

●具有阿拉伯抽像幾何造型風格的甜點「蘋果的遊戲」。圖片提供／Troisgros

(restaurant gastronomique)…。

為了達成這個夢想，他倆將褪色的牆壁重新粉刷，桌布與餐巾全部換成純白色，餐具也更新為銀器、高腳水晶杯及精心構思的裝潢…，甚至購買超出他們負擔的藝術品；此外，材料都採用最新鮮、高級的品質，如夏朗德(Charentes)的奶油、貝榮納(Bayonne)的火腿、阿利埃河(Allier)剛釣起來的新鮮鮭魚、及來自布列塔尼(Bretagne)的生蠔，甚至奧佛涅(Auvergne)的乳酪等；鄰近的漁夫及拾取者，直接帶來最新鮮的青蛙、蝸牛及香菇，螯蝦；獵人也帶來最新鮮的野味。在料理的烹調方法上，一改過往傳統的法國料理以大量的奶油與麵粉做成濃稠的醬汁，而走向清淡、容易消化的料理風格。這一切，無非企圖營造出一個典型的布爾喬亞的餐

●如何？來一杯美酒吧！

桌與用餐氣氛。

至於葡萄酒的收藏，更是令人咋舌！至今已達八萬瓶的酒窖中，也是自喬-巴伯斯特開始，主要著重於勃根地(Bourgogne)白酒，尤其是Pouilly-Fuissé，薄酒來(Beaujolais)區的「優等葡萄酒」(Crus de Beaujolais)如Fleurie酒莊的收藏，最老的收藏為1929-La Romanée。喬及皮耶兄弟的記憶中，每星期四上午，他們例行要為父親搬三十個大酒桶進酒窖，之後，他們可享有一場免費的電影作為報酬…。

來此地的客人，有時只點一道菜，甚至一杯咖啡，置身潔淨優雅的空間，瀏覽牆上色彩奪目的繪畫、桌上擺置的鮮花，心情也隨之飛揚…。一九三五年，他們將旅館更名為「現代飯店」

(Hôtel Moderne)。隱約傳達出夫婦倆渴望邁向新法國料理風格的決心。在這樣的氣氛下長大的兩兄弟，耳濡目染下，很早就對料理工作產生濃厚的興趣。十五歲那年，兄弟倆分道揚鑣，相約學成後回到家鄉，建立世界第一流的法國料理餐廳。

兩人先後在小餐廳中打雜，喬在巴黎的某機構學習，皮耶輾轉於數間飯店當實習生，經過二年的努力，一九四四年兩兄弟再次重逢於巴黎第一流的大飯店「路卡斯‧卡東」(Lucas Carton)。當時的主廚卡斯登‧李察(Gaston Richard)，是古典法國料理界最有名的大師之一。代表性的佳肴如「瑪麗姑姑的箬鰨魚」(La sole Tante Marie)、讓邱吉爾驚心動魄的「火燒山鷸」(Bécasse flambée)、「陳年波特紅酒燴母雞」(La poularde au vieux porto)等。

法國新料理運動

此地完全異於里昂傳統的母親料理的風格，顧客多半為從政或者經商、藝術家等人士。當時巴黎的料理界深受有著「廚師中的國王、國王的廚師」之美譽的奧古斯特‧艾考菲耶(August Escoffier)的影響，連主廚卡斯登‧李察也不例外。艾考菲耶發明的「冰淇淋糖水桃子」(Pêche Melba)至今讓人難忘；此外，他所奠定的廚房規範、廚師形像，影響至今，無人能及，成為法國

料理界的「教父」。一九五○年代受其料理哲學思想洗禮的廚界新秀，皆為日後法國料理界響叮噹的人物。如與兩兄弟同期的研習生保羅‧包庫斯。

第二位給兩兄弟帶來莫大影響的即為崇尚「自然、創意、和諧、簡單」料理的費納‧普安(Fernand Point)。喬及皮耶先後離開花都巴黎，來到因費納‧普安的「金字塔」(La Pyramide)餐廳而聲名遠播的小鎮維恩(Vienne)。同期由此修畢結業的亞倫‧夏貝爾(Alain Chapel)、保羅‧包庫斯、法斯瓦‧畢斯(François Bise)、路易‧伍堤耶(Louis Outhier)等人，都是料理史上日後留名的人物。因而，當時有「美食王子」美譽的庫能斯基(Curnonsky)，將費納‧普安的「金字塔」餐廳喻為：料理藝術之頂峰。

●千變萬化的「Fleurie酒汁夏隆内牛肉及骨髓」。

經過十多年古典法國料理的磨練，歷經膳食總管、廚房的分級主廚、食品儲藏室的主管、負責調味料的主廚等的訓練，他倆決定回到故鄉胡安，實現一直以來的夢想：使「現代飯店」成為一流的法國世界料理餐廳！

一九五五年，皮耶奉父命回鄉成為主廚，之後不久，喬也結束了「大使廳」(Crillon)燒烤廚師的工作，回到胡安。一年後，美食權威評鑑《米其林》隨即給他們一顆星的鼓勵，象徵兩兄

●飯後休憩、喝咖啡聊天的沙龍。

弟的璀璨未來…；經過十年多的磨鍊與始終追求完美的努力，一九六六年，嚴格的《米其林》給予他們第二顆星；一九六八年更意外的驚喜：第三顆星！成為世界料理界首屈一指的餐廳。

他們沿襲了父親喜用高品質材料的偏好，如直接來自田園的新鮮蔬菜，附近農家小孩採拾的蝸牛，布列塔尼的海鮮。例如鄰近夏隆內(Charolais)的牛肉，不油膩，口感豐富，是刺激他們完成「Fleurie酒汁夏隆內牛肉及骨髓」(Pièce de boeuf charolais au Fleurie et à la moelle)的主要靈感。為了創作完全不同的菜式，他們先遍嚐各種「新鮮」材料本身的「原始」味道，記憶不同的口感、色澤、香味，再嘗試串連組合，最後以完美的技術，呈現食物原始的鮮美。一九六七年，皮耶與雷蒙·奧利佛(Raymond Olivier)，在東京的「MAXIM'S」餐廳展現廚藝的同時，皮耶也為日本料理獨樹一幟的

風格著迷。他第一次發現「生魚片」的美味比起任何調理過的魚肉味道還要鮮美。但是，法國人一向對「生食」敬而遠之，如何使之接受這個無與倫比的美味呢？因此，自日本回國後，皮耶自廚房走出，來到大廳裏，詢問客人的意見。這種良性溝通，不但使飯廳變得像家庭般溫暖，也使廚師了解客人的需求和習慣。他發現，人們不再希望如二、三十年前般的大吃大喝，而希望吃出營養、健康均衡的食物；加上媒體的推波助瀾，法國料理界儼然就要興起一股如法國電影界一九六〇年代的「新浪潮運動」(La nouvelle vague)般的「新料理運動」(La nouvelle cuisine)，而這運動背後的料理思想啓蒙，竟來自邀他們前去參加法國料理展的日本。

刺激的不僅是「菜單」的呈現，還有烹調的方式。過去手寫的菜單改成打字，內容幽默、設計獨特，使得菜單本身等同「家徽」或「商標」，充分表現餐廳個性。這個

●老式菜單內文。

●在水果拼盤推車前即興創作的侍者及「水果拼盤」。

肉及骨髓佐乾酪絲烤佛黑茲安的馬鈴薯片」，同樣的一道菜，皮耶兄弟倆以不同部位的牛肉或不同種的牛來實驗，嘗試給予不同的香味及口感，以另一種創作方式，完成了這道至今膾炙人口的美味佳肴。

集體思考的美食藝術

一九七○～一九八○年推出「水果拼盤」。推車上佈滿了各式以不同手法處理的季節水果(或糖水浸泡，或乾燥處理，或製成果汁冰糕、冰淇淋)，再加上可愛的小點心。不但看起來賞心悅目，吃起來也很清爽。每位客人還可根據自己的喜好來選擇不同的水果拼盤，再由侍者即興創作，描繪出不同的花朵圖案，例如我盤中的花朵——矢車菊，象徵「友誼」，讓我這個遠道而來的食客，備感溫馨。

「兄弟菜單」涵蓋當時最受歡迎的兩人創作：「刺柏束鳥肉糜與烤麵包」(Pâté de grive genévrière pain grillé)、「酸模鮭魚」、「Fleurie酒汁牛肉及骨髓佐乾酪絲烤佛黑茲安的馬鈴薯片」(Pièce de boeuf au Fleurie et à la moelle，gratin forézien)、「乳酪拼盤」(fromage)、「甜點拼盤」(Grand Dessert)。其中於一九六○年創作的「酸模鮭魚」，無論在「美感」的呈現：近似日本的靜物圖；或「烹調」方式：將鮭魚切薄片，微煎兩面，中間仍是生的，如同改良的日式生魚片，並在奶油調味汁中加入酸模葉，以其「酸」洗去鮭魚飽含的脂肪及保留鮭魚鮮美豐潤的滋味，吃來不油膩。這道菜甫推出，因其新鮮大膽的創意，贏得眾人注目，成為法國料理史上的經典作品。又如「Fleurie酒汁牛

皮耶及喬兩兄弟，因血緣的情感及從事同樣的工作，使每道菜肴都變成共同心血情感的結晶。這種融為一體的創作方式，將父母料理的理念加以融會發揚。盤中物都有一定的存在原因，就連最微不足道的香草料亦然；調味醬不再攪入麵粉、也不再視烹調上曠日費時的高湯為製作美味調醬的必要材料，縮短調味醬製作的時間，並使其變得清淡細緻；強調「酸」味的細緻，善用各色檸檬、酒醋調味雞；以浸醋的刺山柑花蕾(câpre)或醋浸小黃瓜(cornichon)搭配牛排，忠於材料原味。定期的圓桌武士聚會，邀請朋友親人共進餐會，再聽取他們的意見做為改進的參考；

●面對花園、全面透明落地窗，自然採光的新式廚房。
●精巧細緻的「兩片麵皮間夾心松露及青豌豆」。
圖片提供／Troisgros

所有的菜肴都以超大的盤子盛著，使廚師「空間」的運用寬廣了很多，每道菜的陳設都美如繪畫。此外，過往的法國料理，總喜歡先在食客面前當場演出一場驚心動魄的火燒乳鴿或肢解烤鴨的「表演」，再將一盤盤慘不忍睹、血肉模糊或焦皮爛肉的餐盤端到目瞪口呆的食客面前，等到客人回過神來時，菜早已經涼了。所以，他們為了全面控管品質，所有菜肴皆在廚房完成，任何細節都在廚師的掌控之中。

如今，「三個胖子」餐廳，不但成為小鎮的地標，也是一座「活」的料理學校。米謝爾經過法國幾位大主廚如羅傑·費皆(Roger Vergé)、亞倫·夏貝爾(Alain Chapel)等的磨鍊，再接受素有「美食劇場」之稱的「大伊風」餐廳「外交官廚師」一年完美的訓練課程後，米謝爾做了家族成員中從未曾做過的：來到美國加州舊金山的「巴妮絲」(Chez Panisse)餐廳學習其他國家料理，在那兒，料理融合了亞洲及地中海料理，激發了他日後的料理走向更為

清淡、簡單卻更顯溫馨風格；再加上新科技「真空包裝」的處理方式引進，也使得烹調的處理更能去蕪存菁，保存原味。接下來幾年在比利時、倫敦的磨鍊，自米謝爾·傑哈(Michel Guerard)處，學得處理冰凍食物的技術，更使得他的手藝日趨圓熟、料理方式也趨向廣博。自喬去世後，一九八三年米謝爾取代伯伯喬的位子，與父親皮耶形成兩人三腳的父子檔。

對米謝爾而言，烹調藝術隨著人心而變化，或更純粹或更複雜。廚師如同作曲家或畫家。「創作」是他個人的直覺、經驗、想像，或與其他助手們一起研究或思考的結晶。最初的目的是為了讓自己快樂，更為了讓客人分享自己曾享有的喜悅，經由客人的反應，得以產生交流與溝通。所有的廚師創作之初，都獨自站在爐子面前，逐漸地，變為一種集體思考，最後作品的完成，如同「電影」，是眾人心血的耕耘結晶。

皮耶及米謝爾的料理如同「印像派繪畫」，在我心中激起無限漣漪…。完成這次美食歷史旅遊的我，如同上教堂懺悔的教徒，渴望向他們「告解」。因為經由他們的料理，我得以經歷一次思想與美感的感官之旅。

●怡情舒適的庭院一角。

我的料理一如我！──簡單！

～尚‧杜克魯

老式火爐上寫著：「VINUM BONUM LAETIFICAT COR HOMINUM」，將灰頭土臉的爐子一下子點亮起來。

葛茲(Greuze)
《米其林》＊＊
《GaultMillau》16/20
地址：1, rue Albert-Thibaudet 71700 Tournus
電話：03 85 51 13 52
傳真：03 85 51 75 42
套餐（Menu）：260～510法郎
單點組合（Carte）：500法郎
25席

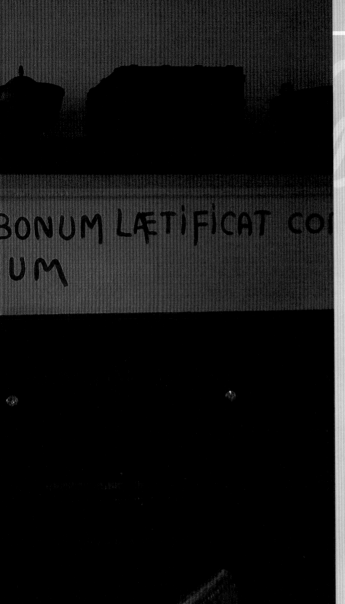

BONUM LÆTIFICAT CO
UM

「葛茲」餐廳外觀。

吐女絲(Tournus)，這個古色古香的中世紀小鎮裡，出了兩位怪傑，一向不喜歡與世人來往的他們，竟然因爲命運的安排而住在一起。一位爲專以畫道德教誨性的場景聞名的十八世紀畫家葛茲(J.B.Greuze，一七二五～一八〇五)，他的代表作如「敗家子」、「浪子回頭」等，受當時保守的藝評家─狄德羅(Denis Diderot，一七一三～一七八四)大力推崇；狄德羅認爲當時另一位專畫「男歡女愛」的布歇(François Boucher，一七〇三～一七七〇)，是浪費油彩。不過，晚年的狄德羅，似乎完全推翻了他早年的看法，這又是另一段故事…。

另一位則是最不像廚師的廚師尚‧杜克魯(Jean Ducloux)。在我這趟美食冒險之旅中，沒有比這次的冒險更刺激、更古怪新奇有趣了！他生性怪異，自許爲「喬治‧桑的私人廚師」，臨睡前，一定得瞥上一眼他最心愛的布歇的「愛神出浴」才

「葛茲」餐廳菜單。

古色古香的餐廳入口。

能入睡,並誓言終生為女人服務。杜克魯描述他的料理:「如同我一樣,簡單!」;然而,當我在他的帶領下參觀其住處時,卻是一連串的驚喜等著我…。

他在自宅一樓設計了一間實用的廚房吧台,檯面上放置了一只以豐滿的女性臀部為造型的存錢瓷筒;浴室內的一幅「美女出浴」,頗有舒鬆筋骨的功能;至今已七十八高齡的老頑童,甚至在衛生間都不忘記放上一張「戲打美女

杜克魯最心愛的「愛神出浴」圖。

演奏著有些走調的小提琴，無損於音樂傳達出來的歡樂氣氛。

名為「家庭」的唱片，封面設計帶著點達達、超現實的喜感與瘋狂。

圖」，以自娛娛人。我尾隨他穿過擺放著一堆史達林、列寧、希特勒等塑像，並掛著一排貝多芬、史特勞斯、巴哈等音樂家肖像的長廊，來到他的食器儲藏室。

平凡無奇的閣樓中央，掛著一張照片，照片下方，則以紅色粗體字標示著「秘密社會」。是個標準電影迷的他，模仿四、五〇年代美國B類警匪片中主角的打扮，鼻樑上架著一付粗黑邊眼鏡，身穿風衣、口銜雪茄、頭戴亨利·鮑加式的帽子。除此外，他也是歌劇迷，最喜歡歌劇中的豪華場面，當時，他還放了一段約翰·史特勞斯(Johann Strauss，一八二五～一八九九)的著名歌劇「蝙蝠」(Die Fledermaus)舞會一段。不過，他說只喜歡開場部分。

料理師的化妝舞會

平日以「廚師」身份出現於世人面前的他，一有機會，就扮演各式各樣不同的角色。這位奇特的廚師，現在戴著他鍾愛的西部帽，腰際插著一把左輪手槍出現在我面前；在布置得如同「馬戲團」、「兒童遊樂場」的一樓大廳裏，展示著他的寶貝收藏－各式各樣的火車玩具模型、幾十盒的讀碼音樂譜，最炫的是他的超大型旋轉木馬音樂盒及手風琴。他很得意地對我說：「一九八五年，我舉辦了一場盛大的戶外宴會。總共有近千人參加；所有的人都駕駛著塗成灰色、上面畫著黑色掃把的車子來…，我什麼都提供，除了椅子。不是我吹牛，整個會場布置得跟『馬戲團』一般；宴會進行的同時，還有車隊遊行，在那個瘋狂的時代，『工作』如同『遊戲』…。」接著，他又展示給我看他最鍾愛的唱片收藏，我無意間瞥見其中一張名為「家庭」的唱片，歌手就是他本人，封面設計頗為「特別」，

掛在衛生間的「戲打美女圖」。

當地居民習慣把這兒當成家中用餐外的第一選擇。

帶著點達達、超現實的喜感與瘋狂。我央求他表演一段，他不太好意思地推說太久沒碰，所以有點生疏，但礙於盛情難卻，終於演奏起來…；有些走調的小提琴，並未損害音樂傳達出來的歡樂氣氛，正當我沉醉在歡愉的音樂旋律中，突如其來地，他打起鼓來，不時還穿插播放幾曲手風琴音樂…。我望著眼前自得其樂的杜克魯，他平日如同冰冷岩石般堅硬的臉部表情，這會兒頓然消逝無形，取而代之的是一股自然散發的溫柔…。其實杜克魯是個童心未泯、極重

情義的人，一生只旅行過一次的他，在這片一手搭建起來的天地裏，落實了天馬行空環遊世界的夢想…。

我回到這座杜克魯口中所謂的葛茲故居。穿過擺設數張木製桌椅的入口大廳，瞥見接待處櫃檯後懸掛著葛茲的自畫像，在侍者引領下，穿越大廳，來到圓塔的一角坐下來，360°的牆壁周圍掛滿了葛茲的複製畫作，整間餐廳布置得宛如古色古香的畫廊，而其中最顯眼的角落，莫過於那個看起來有些時代的老式火

別緻的個人廚房吧台。

「焗烤乾酪絲螯蝦」滋味非常清甜，完全沒有油膩的口感。
充滿感情的「杜克魯祖母式的白汁牛犢胸線肉塊」。（右下圖）

爐，上邊以拉丁文寫著：「ＶＩＮＵＭ ＢＯＮＵＭ ＬＡＥＴＩＦＩＣＡＴ ＣＯＲ ＨＯＭＩＮＵＭ」，意思是好酒使人們感到愉悅。這句話將灰頭土臉的爐子一下子點亮起來。

當地居民似乎習慣把這兒當成家中用餐外的第一選擇，無論中午、晚上，餐廳裡往往可見到一家大小來此用餐。菜單的安排非常具有傳統鄉土特色，與溫馨的餐廳氣氛吻合，如「亞歷山大·杜曼肉餡餅」（Pâté Croûte Alexandre Dumaine）、「古法製雞鴨肝醬」（Terrine de Foies de Volaille à l'ancienne），後者搭配葡萄、茴香、胡椒、白酒、番茄醬、小洋蔥、鹽等七種佐料混合而成的辣佐料一起食用，非常與眾不同；此外，「焗烤乾酪絲螯蝦」（Gratin d'écrevisses）的滋味非常清甜，完全沒有油膩的口感；至於我最欣賞的還是這道讓我至今難以忘懷的「杜克魯祖母式的白汁牛犢胸線肉塊」（Blanquette de ris de veau Grand-Mère Ducloux），在加入苦艾酒及菠菜、洋蔥、胡蘿蔔等蔬菜汁中燉煮入味的牛犢胸線，混合切成碎片、並用奶油炒過的香菇，及濃濃香香的奶油汁，再冷血的人吃上一口，也會被這道充滿感情的料理給融化，只覺得時間似乎一下子凝

結在牛犢入口那一瞬間…。另一道最受法國男士喜愛的「第戎式牛腰子」（Rognons de veau à la Dijonnaise），配上奶油醬汁及義大利寬麵條，可謂補上加補。不過，杜克魯最拿手的，還是這道看似平凡無奇、味道卻獨步群倫的「Grand Marnier酒加味蛋白發糕」（Soufflé au Grand

味道卻獨步群倫的「Grand Marnier酒加味蛋白發糕」。

Marnier），入口即化的蛋奶酥，帶著撲鼻而來的Grand Marnier的甜美酒香，是讓我充滿微醺幸福感的甜點。如果你是個道地的「鄉土美食主義者」，千萬要留一點空間給點心，飯後的點心拼盤裏，有造型如瓦片的杏仁薄脆、糖醃柳橙乾、奶油酥餅等，爲視甜食如命的我，畫上最完美的用餐句點。

右腳行動不便的他，費力地穿梭在桌間，向客人打招呼問好，平日總喜歡戴起高高的廚師帽以拉長身高的杜克魯，遇到看得順眼的，就一股腦地坐下來，天南地北地聊起天來；若有看不順眼的，則毫不顧忌地當場罵人。不知道有多少慕名前來的記者，就是被他這喜怒無常的脾氣給罵得落荒而逃。至於向來對道德家庭、社會秩序等世俗教條始終嗤之以鼻的杜克魯，爲什麼選擇專畫「道德教誨性場景」的葛茲繪畫爲餐廳風格？這和奇妙的命運有關…。

陀螺的學藝人生

這位十三歲起，即奉獻他的一生給料理的主廚，回憶著往昔歷歷在目的情景說：「一九三三年，我十三歲，就在第戎(Dijon)一家名爲「三隻野雞」(Trois Faisans)的餐廳當學徒；在那兒，我認清一件事實—「身爲料理人，沒有時間做夢，必須不斷地磨練基礎的手藝，一切的一切都奠基在『基礎』。」

Il faut dire que, par comparaison, j'étais bien jeune, moi, en 1935.

尚‧杜克魯一九三五年在「金邊」餐廳當助理時的照片（右二）。圖片提供／Jean Ducloux

充滿情調的餐廳。

　　一九三五年十月十五日，他到索里憂 (Saulieu)的「金邊」(Côte d'Or)餐廳，在主廚亞歷山大・杜曼(Alexandre Dumaine，一八九五～一九七四)手下當助理。這是一間公路餐廳，為了滿足過客及郵差的需要而設計了價廉物美的三款套餐，菜單的內容安排也非常簡單，但，產品的品質及烹調技術都是一流。因為這裡每天的席數無法控制，從十到五十席的情形都有，使得他學會經營一家「公路餐廳」所需的一切技巧及技術，對於日後經營有著同樣性質的「葛茲」餐廳有很大的幫助。之後，第一次奇蹟降臨在他身上…。杜曼推薦他到北非米雪雷 (Michelet)的「大西洋飯店」(Hôtel Tansatlantiques)當廚房主廚，就這樣，他踏出國門，度過九個月的異國生涯。那時，他進入這個行業已經有三年，他回憶：「當時，我能夠默記所有菜單上的食譜，也能做出成品來，更懂得如何百分之百清楚地向班底解釋做菜的步驟；然而，要正確地做出一道菜，卻

又是另外一回事。比如要將羊後腿烤得恰到好處，就需要經驗與功力…。」

　　一九三七年，杜克魯載譽而歸；然而，嚴厲的慈母並不讓他休息片刻，立刻將兒子攆出門，到距離吐女絲六公里的小鎮，為為期三天的節慶準備；其間，除了取幾件衣物及廚師刀的時間外，他足足忙了三天三夜。對他的工作成果非常滿意的老闆，將他推薦給巴黎的「Drouant」餐廳二廚—艾米爾・多馬斯(Émile Domas)，經他推薦，杜克魯先來到位於香榭麗舍大道上的「競技場」(Colisée)啤酒店，當海鮮處理負責人，之後又輾轉服務於幾家巴黎最具代表性的餐廳。每到一家餐廳，他就學習各式各樣不同的烹調技術及該店的招牌菜，並觀察服務生與顧客間的應變進退的能力。讓他印象最深刻的一次是在「Hermitage du Touquet」餐廳，此地料理的層次上並未比「競技場」啤酒店來得高明，但是因為店內的裝潢豪華，使得「附加價值」相對的提

高。某次某位客人點了一客「箬鰨魚」，餐廳服務生弄錯了，送上來的卻是別種魚，服務生無法將已經點過的東西送回廚房，只好自廚房裡叫了另一條生箬鰨魚，躲在屏風後面烹調起來，在客人還未來得及發現之前，他已經將魚送到客人面前。但是，如果客人對所吃的菜有意見，那將是廚房的閃失。自此以後，他特別注意廚房與餐廳服務生之間的配合。

那年他十九歲，大戰的風聲已經如火如荼地在各地蔓延…，然而，沒有一個人真正相信所聽到的事實。當時剛從柏林實習一年回來的好友，描述他在柏林親眼目睹的盛況：「假如人們瞥見一位年輕的納粹黨在咖啡館前的小路經過，所有的客人都會不約而同地站起來，舉手歡呼『希特

勒萬歲！』，假如我們的總理那時在現場，大概連落腳的地方都沒有。」當時聽到這段敘述的杜克魯及其他年輕小伙子們，每個人臉上都露出不以爲然的表情，暗地裏叫他「柏林幫！」、「希特勒份子！」。不久，伙伴中，凡是三月三十一日前出生的都被徵召至前線，四月六日出生的他，幸運地躲過了這場浩劫。他自我調侃地說：「自一九一三年至一九一九年間，我的父親，已經以杜克魯(Ducloux)之名參加過『另一場』，在國旗之下，已經有足夠的杜克魯…。」

以「馬廄」為圓夢點

一九四六年，二次大戰剛結束不久，杜克魯回到老家吐女絲，戰爭時發行的「糧票」依舊通

牆壁周圍掛滿了葛茲的複製畫作，整間餐廳布置得宛如古色古香的畫廊。
入口大廳接待處，櫃檯後懸掛著葛茲的自畫像。（下圖）

行，到處都受到「食品的定量配給」影響，餐飲
業的情況非常地糟，更別提在餐廳找份差事。他
在鄉下打零工以換取三餐，但是，面對年老的母
親與懷孕的妻子，找到一份工作是當務之急；他
先在車站附近的，與其說是「啤酒店」，不如說
是勉強可遮風避雨的「食堂」工作了五年…。接
著又在一家供膳宿的飯館工作，每天供應中午、
晚上兩份不同的菜單，以滿足同樣的食客需要；
幸運的是，甫經大戰的人們已失去往常的挑剔，
然而繁重的工作，讓他一天僅存三小時的休息時
間。他那時住在政府提供的「低租金住房」
(H.L.M.)，鳥籠般大的房間內，只有一盞過世的
舅母遺贈給他的石油吊燈點綴其間，吊燈的風格
頗有西部味，很受西部迷的杜克魯喜愛，至於他

那結褵四十多年，喜歡名牌的妻子，對物質生活
的品味，卻始終與他南轅北轍；正當他準備接受
命運的安排，就此過著平凡無奇的一生時，奇蹟
發生了…。他在糕餅店工作的好友馬克‧胡威
(Marc Ruet)，意外地繼承了一筆五百萬法郎的遺
產，很快地，志同道合的倆人，著手實現他們一
直以來的夢想─開一間屬於自己的餐廳！

　　一九四七年，他們找到一間中產階級家庭附
屬的破舊馬廄，靠近十一世紀的 Saint-Philibert 修
道院。院外有兩座左右對稱的尖頂圓塔，原本為
城門入口，其中一座圓塔還成為馬廄的一部分；
這間馬廄後來被改裝成乒乓球場，戰爭期間一度
成為供應窮人熱湯的「施湯站」。因為倆人都喜
歡葛茲的畫，於是將餐廳改裝成為葛茲的故居，

◎擺設數張木製桌椅的入出口大廳。
◎連接大廳的圓塔廳通道。（下圖）

並以「葛茲」(Greuze)為名。剛開張時，餐廳內僅擺設了十張桌子、三十張椅子、一打銀食器，餐廳的接待人員則由杜克魯的母親及祖母兼任。

如今，過了半個世紀之後，餐廳門口的接待人員換成他夫人，年邁的伙伴有些已經退休。他

開完笑地說：「身邊唯一不變地，是老婆及剩下的幾位老工作伙伴。」一九九三年，為了慶祝他六十年的料理人生涯，當地居民還特地舉辦了一場盛會，一九四七年曾和他一起工作的伙伴與現在的伙伴全都齊聚一堂…。如今，餐廳裏的服務生及廚房的伙計，正準備為即將年屆八十歲的他，舉辦另一次慶生會。

餐後，他慣例站立在門口，向每位離開的顧客寒暄問候，幾位遠道而來的日本廚師，正以日語混雜他聽不懂的法語要求簽名留念，他投給我一個無奈的微笑，又惡作劇地眨眨眼，以我剛教他的日文問：「滿意嗎？」。我望著年邁但依舊兢兢業業的杜克魯，心中升起無限的敬意…。

菲利普・瞿斯 *Philippe Jousse*

Le produit décide plus
que le cuisinier, éternel
apprenti de la nature
des choses.

Philippe Jousse

Mionnay le 10 juillet 1998

「食材」的重要性，遠超過廚師，

永遠的大自然學徒。

～菲利普・瞿斯

●樸實素雅的綠色大廳，置身其中有如回家般的溫馨與親切。

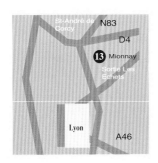

亞倫・夏貝爾(Alain Chapel)
《米其林》＊＊
《GaultMillau》18/20
地址：83 Route Nationale 01390 Mionnay
電話：04 78 91 82 02
傳真：04 78 91 82 37
套餐（Menu）：330法郎，595～795法郎
單點組合（Carte）：600～800法郎
週一、二中午（除假期），1月休
40席

●餐廳外，楊柳、百合、繡球花，點綴著綠色的草坪，將這方小天地，粧點地如此高雅。

●「亞倫‧夏貝爾」餐廳的菜單。

一九九○年七月十一日凌晨五點，我第一次來到法國，戴高樂機場的天空灰濛濛一片，於前往巴黎市中心的路上，計程車的收音機裡不斷重複播放：「亞倫‧夏貝爾(Alain Chapel，一九三七～一九九○)昨日離開了我們！法國料理界，又一顆巨星殞落了！…」多年之後，當時這個對我既陌生又遙遠的名字，今日竟然變得如此熟悉；透過他的嫡傳弟子─亞倫‧杜卡斯(Alain Ducasse)、貝納‧紀歐丹(Bernard Guilhaudin)、菲利普‧瞿斯的料理，我彷彿穿越時空，看到他埋首專心一致地沉醉在料理世界的背影…。

亞倫‧杜卡斯，這位當今法國最閃亮的料理人，每當被問及，法國料理界中，誰是你最尊敬的料理師？他總是毫不猶豫地回答：「亞倫‧夏貝爾！」一九七八年初，很偶然的機會下，杜卡斯第一次品嚐亞倫‧夏貝爾的料理，那一次美食的接觸帶給他無比強烈的震撼！他不斷在記憶中搜索，卻始終無法了解這味道究竟是怎麼產生？

●菲利普‧瞿斯與亞倫‧夏貝爾抱著愛狗的照片合影。

十一月，杜卡斯收拾行李，來到米優內 (Mionnay)，成為亞倫‧夏貝爾的入門弟子。從此以後，夏貝爾成為他一生中唯一的精神導師。

夏貝爾死後八年，我來到米優內市政府前，改名為「亞倫‧夏貝爾」的廣場。這個距離里昂 (Lyon) 約二十五公里的小鎮，僅住著一千二百位居民，相對於里昂的繁華，顯得相當蕭條，除了幾家商店外，整個小鎮一片寧靜。開車緊鄰著 A46 高速公路而下，小鎮邊境的三不管地帶上，一棟由數片綠葉裝飾的拱門串聯的建築物，在藍天的襯托下分外搶眼；米白色圍牆上方的塑膠透明看板上，幾個斗大的字母：Alain Chapel，吸引了我的注意⋯。這棟外表平凡無奇的建築，竟然是赫赫有名的「亞倫‧夏貝爾」餐廳⋯！我不敢置信地跨越門檻，僅一步之差，卻是另外一個世界⋯。垂吊的楊柳映照著中庭小池塘，白粉相間的繡球花、素雅的百合及黃紫小花，點綴著綠色的草坪，將這個世界美食家走訪的天地，粧點地如此高雅。除了鳥語蟲鳴花香，周遭寂靜無聲，圍繞著中庭的拱門長廊內空無一人，古樸的石噴水池裏，乾涸地一滴水不剩；屋頂上的瓦片，在陽光的照射下反射著閃爍光芒，這座世外桃源，彷彿遺世獨立的修道院⋯。我暗想：「住在此地的，大概是氣定神閒的隱士吧！」

「無我」的料理信仰

我來到候客廳，這間古典的紅色沙龍中，僅簡單地置放著一張桃木桌與紅色絨布沙發，沉穩內斂的氣質中，隱含著不凡的氣魄。一位身材瘦長、身著白色廚師服的人，靜悄悄地出現在我面前，寬大修長的雙手緊緊地握住我的手打招呼，充滿深思的眼光，和煦的笑容，使忐忑不安的我放鬆下來⋯。

菲利普‧瞿斯來自溝貝榮-翁-嘎堤內 (Corbeilles-en-Gâtinais) 鄉下，從小被料理手藝非常好的祖母及母親「慣壞」，養成挑嘴的個性；再加上父親是肉品製造商，環境造就他小小年紀就懂得「品嚐」、分辨食物品質的好壞。當家人

●「亞倫‧夏貝爾」餐廳的菜單內頁。

●亞倫‧夏貝爾製作料理時的照片。圖片提供／Alain Chapel

問他：「你將來長大後，想做什麼？」他毫不猶豫地回答：「廚師！」。他曾輾轉在巴黎數家飯店實習，一九八二年，二十二歲時，在「Chiberta」餐廳老闆貝迪耶(Bédier)的慈惠下離開了繁華的巴黎，來到小鎮米優內，展開了為期八年的學習。當時的「亞倫‧夏貝爾」餐廳，自從一九七二年夏貝爾當選M.O.F（法國最傑出工作者），一九七三年獲得米其林三星榮耀及《GaultMillau》19.5/20最高評鑑後，已成為當時所有年輕料理人夢寐以求的最高學府。而菲利普‧瞿斯也說：「我是在這兒，學會了一切。」

他回憶第一次與夏貝爾見面的情景…「我永遠無法忘記第一次見到亞倫‧夏貝爾先生時，他給我非常冷漠、有距離感、嚴肅、並且傲慢的感覺；但實際上，他非常害羞、不善言詞；只要將他面前那層玻璃打破，將會發現他是非常熱情的人…。」已經在料理職場上擁有數年經驗的菲利普‧瞿斯，如同其他人，進入亞倫‧夏貝爾的工作坊後，從「commis」（學徒）幹起。而頭兩個

推薦菜單

♣

茴香鵝肝及胡椒蜂蜜凍鴨肉片

Terrine de foie gras aux fenouils et aiguillettes de canard à l'hydromel poivré

羅勒Guilvinec海螯蝦乳霜配青脆蔬菜魚予鱈

Crème glacée de langoustines du Guilvinec au basilic et julienne de légumes croquants

迷迭香Bugey酒凍配燉兔肉及辛香豬胸肉配熱吐司

Lapin de quatre heures en gelée de vin du Bugey au romarin, poitrine de porc épicée ; des toasts chauds

♠

熱酸醋調味癩蛤蟆狀烤火魚配
火腿丁肉餡佐海鮮魚清湯

Rouget en crapaudine, farce croustillante au "pata negra", une vinaigrette chaude; le consommé en accompagnement

細香蔥乳醬汁佐田雞腿馬鈴薯塞聖尚地白松露

Pommes de terre farcies de truffes blanches de la Saint-Jean, des cuisses de grenouilles à la crème de ciboulette

紅酒洋蔥醬汁佐布雷斯小母雞香菇松露及
豬腳包小牛犢

Pied de porc farci de ris de veau, poulette de Bresse, champignons et truffes, une sauce en civet

♥

紅果子鮮奶慕斯配糖杏仁

Soufflé glacé aux fruits rouges et aux amandes

黑醋栗薄餅波特甜酒紅果子果凍佐糖煮哈蜜瓜

Fruits rouges en gelée de porto et melon caramélisé , une tuile au cassis

Clos-Vougeot白酒

Mâcon-Clesse

月內，他默默地觀察廚房內的一切，直到對環境熟悉才正式開始工作，當時「commis」所做的無非調節火爐溫度、剝果菜皮等最基礎的工作，但是，夏貝爾為了培育料理人「無我」的狀態，這樣的訓練長達二年之久；之後，菲利普·瞿斯又連續奮鬥了六年，才達到二廚的地位。八年向夏貝爾學習的過程中，他學習到最重要的是「謙虛」──永遠不要以為自己已達到最高境界，因為那時你也開始往下跌。「料理」是永遠不斷地尋找新方法，求得改善；此外，「頑強」與「野心」也很重要。

二十九歲，菲利普·瞿斯成為夏貝爾在名古屋「Portopia」餐廳的廚藝顧問，一年未滿，因夏貝爾瘁死及遺孀蘇珊·夏貝爾(Suzanne Chapel)要求他盡快回來接管「亞倫·夏貝爾」餐廳，經過整整一夜的考慮，他決定割捨一切，回來米優內。他告訴我，當時唯一想到的是：「我在這兒度過了人生中最快樂的八年歲月！我無法想像它永遠消失！在人的一生當中，有某些事，如果不做，會後悔一輩子，我不願意帶著這樣的心情過一世。」。三十歲的他，做出一生中最重大的決定，成為「亞倫·夏貝爾」的接班人。

● 因蘇珊的堅持，「亞倫・夏貝爾」的生命得以繼續，並讓世人知道它的不朽價值。

道取決於材料的好壞與否，使用最好的食材時，料理師便無需多加贅筆；相反地，若使用次等的食材，為了隱藏其本身的缺點，就不得不『粉飾』，加上大量的調醬調味。但，『料理人』的工作不應是粉飾，而是表現出食材的特質。」

在當前流行使用高貴素材的法國料理界，美食餐廳的維繫，全依賴一流食材的存在與否？然而，經濟的不景氣，造成小規模高品質的農產品經營變得困難，倒閉的農家，所在多有；再加上大超級市場盛行，很多農民都採取直銷的方式。在法國這個一切都講求品質的國家，專門從事高品質食材生產的農民，遂成為高級餐廳競相爭奪的「明星」。

生命凝結出的餐廳

在菲利普・瞿斯的帶領下，我參觀了英國風格的「雪茄沙龍」。沉穩凝思的風格，在此再度出現，與其說亞倫・夏貝爾是狂野浪漫的法國騎士，不如以感情沉默內斂的英國士紳來形容他更為適合。整間被厚窗簾圍罩的沙龍，籠罩在陰暗裡，唯一給予光亮的火爐，也未點上，只有放置在櫥櫃中的蔚藍色杯子，帶來一些兒黃天的氣息。喜歡精緻器皿的夏貝爾，在世時收集了不少當地藝匠製造的英國風食器，最漂亮的一件，是略帶青色的英式瓷盤；生性喜歡簡約風格的他，對日本藝術也甚為喜愛，屋舍中的布置隨處可見日本風味，如繪有簡單幾朵小花的桌布、小花瓶等。無意間，我瞥見牆上掛著的亞倫・夏貝爾抱著愛狗的大照片，照片中的他，眼光極其柔和，菲利普・瞿斯對我說起一段不為人知的往事：「先師去世後，這隻狗不吃不喝，不久後，也跟

在這麼多年的美食經驗中，我深刻感受到：「料理」並不是死的食譜，更非只限於表面的價值，而是料理師個人寬大內心的呈現，是廚師向最高品質的食材與製造者，表達最崇高敬意的愛的表現。為了讓客人吃到真正好的料理，享受無上「食」之滿足，料理人無視於食材的成本預算。儘管面臨重重經營上的困境，菲利普・瞿斯仍舊堅持「素材至上」主義。他堅定地說：「最近幾年，因為經濟不景氣，經營『頂級美食餐廳』變得日益困難，不得不節省龐大的人事費用，廚房由原先的十五人減為十二人。然而，料理的味

的她對美食一竅不通，卻愛上了已經是美食界頂尖級人物的亞倫‧夏貝爾；婚後，她一下子躍進這個全然陌生的環境，剛開始，一切都好像是做夢般地不真實，

著主人而去。」

不喜歡在媒體前暢談自己料理的夏貝爾，某次在記者會上，足足沉默了將近十五分鐘，直到記者們都不耐煩了，才悠悠地說：「所有我想說的都已經表現在料理上，何需贅言呢？」一向沉默寡言的他，在遺孀蘇珊‧夏貝爾的心目中，又是怎樣的料理師呢？

隨之而來的是真實的婚姻生活…，亞倫‧夏貝爾是位十足的料理人，一切以「料理」為首要，正常的家庭生活是非常困難的。但這是一個選擇與組織的問題。蘇珊在夏貝爾去世後，做出了她唯一的選擇，繼續「亞倫‧夏貝爾」，這個耗盡夏貝爾二十年生命的結晶，她想保護它，並讓世人知道它的不朽價值。蘇珊堅定地說：「夏貝爾是

外表看來柔弱的蘇珊，起初怎麼看都不像是足以扛負如此重大使命的女中豪傑，然而當她開口時，堅強的決心在八年後的今天依然感覺得到。亞倫‧夏貝爾突然因心臟病過世後，她接獲數百封信函，每個人都鼓勵她繼續為法國料理界奮鬥，完成夏貝爾在料理上未完的心願。帶著七歲與九歲的孩子，她毅然決然地肩負起重任。在認識夏貝爾時，她是里昂的一位護士，當時

道道地地的『完美主義者』！他熱愛音樂、繪畫、自然、花藝，而這一切又都與料理相連。此外，他是第一位在法國料理史上將菜名以細節標示，更首創「咖啡單」(carte du café)，提供顧客多元選擇。他將整個法國料理史做全面的研究，尋找更進一步改革的可能…，他不知要如何表達自己，只有藉著料理表達，他的料理是『吐露情感秘密』的料理。」

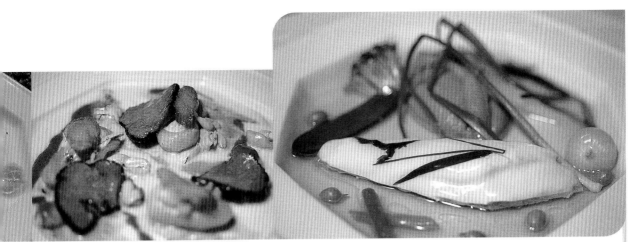

●由左依次為別出心裁的「熱酸醋調味癩蛤蟆狀烤火魚配火腿丁肉餡佐海鮮魚清湯」、「茴香鵝肝及胡椒蜂蜜凍鴨肉片」、「細香蔥乳醬汁佐田雞腿馬鈴薯塞聖尚地白松露」、「羅勒Guilvinec海螯蝦乳霜配青脆蔬菜魚予鱈」。

說到這裡，蘇珊再也無法繼續，今天是她先夫去世整整八年的日子，心情激動的她，為準備他的八周年祭日，欠身先行離開…。我不禁回想起八年前，戴高樂機場灰濛濛的天空…。

午餐前，我選擇在綠意圍繞的中庭花園走廊內喝杯開胃酒，再搭配各式各樣的一口酥開胃點心。笨重的黑色鐵桌椅與篩落在牆面的點點綠光，形成對比情趣，慵懶的我，真想就此過著清閒自在、與世無爭的生活，可惜這個夢想，很快地被身穿白衣的侍者喚醒，他邀請我入席，說廚師已經準備好了！

纖細深邃影武者

來到素雅的綠色大廳，樸實的布置相較於富麗堂皇的飯店，反而讓我有如回家般的溫馨與親切。白衣侍者再度出現，為我端來以白色八角菱形瓷盤盛著的「茴香鵝肝及胡椒蜂蜜凍鴨肉片」(Terrine de foie gras aux fenouils et aiguillettes de canard à l'hydromel poivré)。樸素的餐盤上，簡單地置放著鵝肝及鴨肉片，淺褐色的蜂蜜水做成的鵝肝原汁凍搭配其間，綠色的胡椒粒為細膩的味道增添些微的芳香變化。我雖已吃過不少鵝肝凍，但這樣細膩的口味是頭一次嚐到。光這道「前菜」冷盤，菲利普·瞿斯已經讓我期待不已…。至於造型美觀、色澤與口感都非常純淨的

「羅勒Guilvinec海螯蝦乳霜配青脆蔬菜魚予鱈」(Crème glacée de langoustines du Guilvinec au basilic et julienne de légumes croquants)，是一道非常清爽可口的海陸拼盤，若搭配1988-Clos-Vougeot白酒，將是絕妙組合。充滿春天花露香味、飲來如清晨露水般香甜，並略帶百合花香的Clos-Vougeot白酒，曾給予夏貝爾、托格侯、包庫斯等無數廚界大師創作靈感，在十幾年後的今天，我在夏貝爾兩位高徒一瞿斯與杜卡斯的餐桌上，又尋獲她的芳蹤。另一道也是自酒汲取靈感的「迷迭香Bugey酒凍配燉兔肉及

●「黑醋栗薄餅波特甜酒紅果子果凍佐糖煮哈蜜瓜」。

辛香豬胸肉配熱吐司」(Lapin de quatre heures en gelée de vin du Bugey au romarin, poitrine de porc épicée；des toasts chauds)，也是以酒配肉汁香料做成的果凍來增添滋味。不過最讓我心動的，還是別出心裁的「熱酸醋調味癩蛤蟆狀烤火魚配火腿丁肉餡佐海鮮魚清湯」(Rouget en crapaudine, farce croustillante au "pata negra", une vinaigrette chaude; le consommé en accompagnement)。紅白相間的火魚火腿丁，搭配翠綠的四季豆及鵝黃的

圖片提供／Eliophot

酸醋醬，在色彩上已經喚起我視覺上的食慾，藉由熱酸醋醬調味醬的牽線，使得素有「海上山鷸」(bécasse de la mer)之稱的火魚(rouget)及火腿丁肉餡，這對海陸相隔的戀人得以結合，再配上海鮮魚湯，是瞿斯海陸不分家的代表作。另一道甜甜蜜蜜的「細香蔥乳醬汁佐田雞腿馬鈴薯塞聖向地白松露」(Pommes de terre farcies de truffes blanches de la Saint-Jean, des cuisses de grenouilles à la crème de ciboulette)，則是道道地地的季節性菜肴。

● 「紅果子鮮奶慕斯配糖杏仁」。

喜歡繪畫、電影及表演藝術的瞿斯，對於食材本身「顏色」、「形狀」的視覺美感呈現，似乎特別敏銳；他並能巧妙地轉換原始的食材成為藝術的抽象表現，使得每一道菜肴都宛如繪畫般地讓人驚嘆。如這兩道令我嘖嘖稱奇的甜點——「紅果子鮮奶慕斯配糖杏仁」(Soufflé glacé aux fruits rouges et aux amandes)，宛如一只紅果子花

籃；另一道「黑醋栗薄餅波特甜酒紅果子果凍佐糖煮哈蜜瓜」(Fruits rouges en gelée de porto et melon caramélisé，une tuile au cassis)，則嬌豔地如同盛裝打扮出門赴宴的高貴淑女。我望著眼前的甜點，恍惚間，似乎看見埋首於料理的亞倫‧夏貝爾背影，我走向前去，發現竟是有著同樣呼吸方式的菲利普‧瞿斯。曾幾何時，他們已經交換了一個無言的約定？…

臨走前，他說的這句話，我始終忘不了：「我的一生，是為了使先師的料理精神發揚光大而存在著，等吾師的兩位幼子長大，繼承先師衣缽，我將退休。」這位甘願終生做亞倫‧夏貝爾「影武者」的菲利普‧瞿斯，雖比不上亞倫‧杜卡斯般的星光燦爛，然而，隱藏在他料理中的纖細味道，直到現在，我依然無法忘懷…。

帕粹克・翁里魯 *Patrick Henriroux*

身為「金字塔」餐廳的繼承者，

不是停留在過去，

而是提供作品繼續及超越的可能。

～帕粹克・翁里魯

被五顏六色的蔬果桌燈及翠綠盆景環繞的餐廳。

推薦菜單

★套餐推薦

市場套餐
Menu Marché

花園套餐
Menu des Jardins

♣

焗乾酪絲螯蝦頭
Gratin de queues d'écrevisses

♠

費納‧普安式香檳大菱鮃
Filet de turbot au champagne dans la tradition "Fernand Point"

阿爾布費拉乳鴿
Pigeonneau Albufera

貝列斯松露母雞囊
Poularde de Bresse truffe en vessie

♥

巧克力金字塔
Pyramide au chocolat

巧克力鋼琴
Piano au chocolat en ut praliné

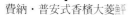

伊澤爾省「陳年查爾特勒甜酒」-1938年起
Isère-Chartreuse Henrirous-1938年起

「如果有一天廚師做累了，我就去『捻花惹草』！」帕粹克‧翁里魯如是說。閒暇時，喜歡藉著種種花草蔬果來怡情養性的他，從菜單的設計到菜肴本身，甚至客房內的布置，無處不洋溢著濃濃綠意，為鬼影幢幢的「金字塔」（La Pyramide），注入一陣陣溫暖春意。

當代料理名人的搖籃

成立於一九二三年的「金字塔」餐廳，為五○年代對法國料理影響深遠的費納‧普安（Fernand Point，一八九七～一九五五）所創。保羅‧包庫斯常言：「由於普安，才有我的存在。」這位體重高達一四九公斤的普安，不但外型與美國鬼才導演奧森‧威爾斯（Orson Welles，一九一五～一九八五）神似，倆人更

●「金字塔」餐廳的菜單。

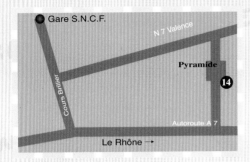

金字塔(La Pyramide)
《米其林》＊＊
《GaultMillau》18/20
地址：14, boulevard Fernard-Point Vienne
地鐵站：Pont-Marie,Maubert Mutualite,Saint-Michel
電話：04 74 53 01 96
傳真：04 74 85 69 73
套餐（Menu）：285法郎（中餐，包括酒），440～640法郎
單點組合（Carte）：600～850法郎
週三、週四中午（淡季）休息
28席

是道地的「美食主義者」。第二次世界大戰結束後，他將「豪華」的用餐藝術引進布爾喬亞社會。以高腳水晶杯代替一般餐廳普遍使用的矮腳水杯；使用精緻的餐盤，發明「金鐘罩」盛食物的方式；設計特殊的「藝術家菜單」，將表演藝術與料理相結合等。崇尚「自

●「金字塔」餐廳外觀。

然、創意、和諧、簡單」料理的費納·普安，將畢生所學傳授給喬和皮耶·托格侯(Jean & Pierre Troisgros)兩兄弟、亞倫·夏貝爾(Alain Chapel)、保羅·包庫斯(Paul Bocuse)等人，他們日後都成為法國料理界響徹雲霄的人物。名不見經傳的小鎮維恩(Vienne)，也因一九三三年，「金字塔」餐廳贏得《米其林》三顆星評價而一舉成名。

普安的夫人馬都(Mado)，更是法國料理界少見的傑出女性，不但為M.O.F.（法國最傑出工作者），戴高樂將軍還親自頒發她「料理榮譽勛位」的殊榮；Dom Perignon香檳因她而聞名，他們的愛犬更受到明星般的禮遇，甚至大熱天都以裝滿了冰塊的冰桶盛著名貴的香檳來解渴…。

維恩，這座全法歷史最古老的城市。軍事上，周圍環繞著七座高山的天然屏障，阻撓了敵人的入侵，自西元二世紀即成為重要的政經文化中心。羅馬人沿著今日的隆河(Le Rhône)附近，建築了兩座外型彷彿金字塔的石碑；經考古學家

研究，這兩座相距僅半公里的金字塔石碑，原為「競技場」的周圍，離此不遠處還有一360°圓形競技場，同樣建於二世紀，因音效絕佳，成為每年一度的世界「Jazz Festival」演出場地。當年羅馬有名的哲學家、政治家、思想家等，皆站在這兩座金字塔高台上公開辯論，而市集也集聚在此，形成文化、政治、經濟的中心。「金字塔」餐廳因建於此建築物附近，因而得名。

本世紀最出名的演員、劇作家兼導演薩夏·吉特利(Sacha Guitry，一八八五～一九五七)曾說：「在法國，若想好好吃一頓，來普安，就沒錯！」普安，在風光地活過五十八個年頭後，被上帝召喚去做天堂的御廚，留下他的妻子與那隻人見人愛的牧羊犬。夫人馬都一手扛起了普安留下來的事業，並維持他生前的水準直到一九八六年去世。之後，這間世界知名的餐廳也隨之消聲匿跡；直到一九八九年，年方三十一歲的料理人帕粹克·翁里魯打開「金字塔」生鏽的門鎖，才得以重現世人面前。

當時無論遠道而來的饕客，或是本地的居民，心情莫不如一：懷著對費納·普安料理的甜美回憶前來。我亦不例外！懷著膜拜大師遺跡、重溫舊夢的心情來此…。

●「傳統與品質」金雞銅牌。

首先映入眼簾的，是掛在門口的尚‧考克多一九五九年繪製的「傳統與品質」(Traditions & Qualité)金雞銅牌，代表此處是世界一流的餐廳，然而，除了象徵性地保留了幾道費納‧普安的代表菜肴，如「費納‧普安式香檳大菱鮃」(Filet de turbot au champagne dans la tradition "Fernand Point")、「焗乾酪絲螯蝦頭」(Gratin de queues d'écrevisses)、「阿爾布費拉乳鴿」(Pigeonneau Albufera)，及造型如充氣氣球的「貝列斯松露母雞囊」(Poularde de Bresse truffe en vessie)外，菜單內容幾乎已經全面更新。

釋放食慾的「潘朵拉盒子」

起初見狀，我真是大失所望，然而，望著滿室五顏六色的蔬果圖案桌燈，被翠綠的盆景所環繞；窗外花園中燦爛的夏日陽光，篩過葉縫，像雨點般灑落在五彩繽紛的花叢間，形成一幅幅莫內(Claude Monet，一八四○～一九二六)的風景畫，原本低落的心情，頃刻間被挑動…。侍者端來一盤海陸開胃冷盤，黑色牛腳凍搭配橘紅色螯蝦慕斯及綠色的菠菜；另一位可愛的侍者則捧來一大籃各式各樣形狀的麵包，有黑橄欖、全麥、白麵包等口味，頃

刻間，我已經忘記了始初前來的目的，一股腦兒地沉醉在當下「食」的歡樂裡。

我邊細細品嚐，邊望著對桌客人…。優雅的侍者端著金字塔金鐘罩蓋著的食物來到客人旁，我心裡數著一、二、三！只聽客人發出讚嘆驚呼聲…。禁錮著人們的夢想與慾望的費納‧普安金鐘罩，如同潘朵拉的盒子，帶來食客無休無止的美食憧憬與折磨。

帕粹克‧翁里魯的菜單除了「金字塔招牌套餐」(Menu pyramide)外，還多添了兩款別緻安排，分別是二八○法郎的「市場套餐」(Menu Marché)，與四四○法郎的「花園套餐」(Menu des Jardins)。前者以當天市場的新鮮素材為主，包含二道主菜、一道甜點，再附贈三七五cc的紅、白或粉紅酒一

●費納‧普安的金鐘罩，如同神祕的潘朵拉的盒子。

●採光良好的沙龍，透入窗外花園中燦爛的夏日陽光。
●「小洋蔥莖葉佐Parmentieres蛋餅配鰩魚的千層餅拌地中海魚湯汁」。

瓶，非常經濟實惠；至於後者則依季節，配合最新鮮的季節食品與隆河谷地的特殊物產，創造出最能顯現翁里魯個人特色的料理。

性喜「捻花惹草」的翁里魯，總不忘記在餐盤裏種菜圃。例如「小洋蔥莖葉佐Parmèntieres蛋餅配鰩魚的千層餅拌地中海魚湯汁」（Millefeuille d'effilochée de raie et crêpes parmentières, oignons fanes, jus de bouillabaisse），就放了將近六種不同的材料，以花椰菜、小洋蔥、糖蘿蔔（betterave）及葉子、馬鈴薯、黑橄欖調味做成薄餅，再配上加入Parmentières乾乳酪調味的蛋餅，濃郁的地中海魚湯加味的鮮美鰩魚，既豐富又不失細膩。另一道「Raillon先生沙拉配tapenade調味醬番茄雞卷」（Bûchette de volaille à la tomate, petits farcis à la tapenade, salade de Monsieur Raillon），以造型美觀、秀色可餐的雞卷，搭配番茄、雞蛋沙拉及普羅旺斯一地最

受歡迎的 tapenade醬，使得酸甜之餘，還帶著微辣的口味。

翁里魯料理中複雜的食材組合與當今的法國料理潮流—簡單、精確的風格，完全背道而馳；然而，他新奇大膽的料理創意，超越了約定俗成的羈絆，在小小的盤中天地裏，揮灑無盡的才情。而事實証明，他的堅持與成績，扭轉乾坤，開幕不到一年，一九九〇年贏得《米其林》一顆星，一九九二年成爲二星餐廳；一九九六年，以18/20的成績，當選爲《GaultMillau》年度最佳主廚，同年十一月，他成爲「金字塔」的主人，從此擁有更多自由發揮的空間…。然而，身爲這間曾爲近代法國料理史中，刻下最光輝燦爛一頁餐廳的主廚兼老闆，想全然地以現有的成績取代光榮的過去是不可能的。

四萬法郎青豌豆湯

生前最愛觀賞表演的費納·普安，不但將餐桌粧點得有如節慶般熱鬧！

●「Raillon先生沙拉配tapenade調味醬番茄雞卷」。

●「金字塔巧克力」。

●「巧克力鋼琴」。

在荣名的設計上也以本世紀最出名的作家、劇作家、導演命名，如薩夏·吉特利，就曾被列入他的荣單上。一樣喜愛表演藝術的翁里魯，爲了向「料理表演藝術家」—費納·普安致敬，他靈機一動，將「金字塔石碑」縮小爲五公分高的「巧克力金字塔」(Pyramide au chocolat)甜點；還在鬼影幢幢的「金字塔」中，以「巧克力鋼琴」(Piano au chocolat en ut praliné)，演奏起歡樂的「蔬果幻想曲」。

我去的那天，正好是每年一度的「Jazz Festival」，餐廳的食客裡，很多人都是爵士演奏家，他們不約而同在下午三點多出現在餐廳裡，並且都點同樣一道「青豌豆湯」。我意趣盎然地看著他們，一邊以非常性感的動作舀起一瓢瓢的湯送進嘴裏，一面好像演奏著薩克斯風般地，韻律地擺動著身體…。非常熱愛爵士樂的翁里魯，對我說起他最得意的一段往事：「某日，著名的小喇叭爵士樂家麥爾士·戴維斯(Miles Davis)在

我的飯店下榻，生活作息異於常人的他，凌晨四點鐘，委託他的經紀人前來敲門，說他餓了，想要一碗青豌豆湯。尚帶著濃濃睡意的我，一下子被這話驚醒，大叫著說：『什麼？凌晨四點要我做一碗青豌豆湯！？』經紀人板著臉，慢條斯理地回答：『是啊！他一向如此…』邊毫不在乎地看著我。這下把我惹毛了，我原本想說 NO！！！但念頭一轉：『好！要我做可以，但我要一張與麥爾·戴維斯的合照。』經紀人拉長了臉，冷竣地回說：『不行！麥爾·戴維斯一張照片要四萬法郎。』我眨眨眼，冷靜地回答：『那麼，麻煩您告訴麥爾·戴維斯先生，我的一碗青豌豆湯也要四萬法郎。』說罷關上門，留下瞠目結舌的經紀人於門外。不到半晌，麥爾·戴維斯出現在門口，身邊還跟著專屬攝影師…。」

他說到這兒，只聽見門口一陣騷動，侍者們一溜煙地往門口擠去，我們不約而同地望著彼此，很有默契地站起來朝人群走去…。

貝納・羅叟 *Bernard Loiseau*

圖片提供／La Côte d'Or

美食是法國生活的藝術，美食的友誼。

～貝納・羅叟

●「金邊豪華別墅」入口處的「博物館廳」，仍掛著亞歷山大‧杜曼的畫像。

金邊(La Côte d'Or)
《米其林》＊＊＊
《GaultMillau》19/20
地址：2, rue d'Argentine 21210 Saulieu
電話：03 80 90 53 53
傳真：03 80 64 08 92
套餐（Menu）：商業午餐420法郎，580、890法郎
單點組合（Carte）：570～940法郎
全年無休
30席

●大眾再熟悉不過的貝納‧羅叟式笑容。
圖片提供／La Côte d'Or

●「金邊」餐廳的菜單。

　　「對不起！貝納‧羅叟先生今天很忙，沒有時間接見妳。…」餐廳門口接待處的服務生擺出冰冷冷的面孔。「但是，我是來自『費加洛報』(Figaro)的記者，我想探訪貝納‧羅叟先生。…」貝納‧羅叟剛好經過那兒，記者一眼認出他來，在媒體炒作下，他早已比法國總理席哈克還家喻戶曉。原本眉頭深鎖的貝納‧羅叟，一看到記者，臉上馬上堆滿笑容，嘴裡直說：「我就是，有何指教嗎？」「我可以拍張您的個人照嗎？」記者把握機會趕緊問。他一聽，飛快地抓起放在櫃檯上的母雞模型抱在胸口，好似抱著他最心愛的玩具，臉部瞬間掛上大眾再熟悉不過的貝納‧羅叟式笑容。攝影記者每做一個cut，他趕緊換另一個 pose，動作之熟練，讓不知情的人以為他是一位職業模特兒或好萊塢超級電影明星。

八面玲瓏仙杜拉

　　我望著這位當今法國料理界的仙杜拉，幾年前，還只是默默無聞的灰王子，卻以親和天真的笑容、連珠炮般地說話速度，靈活運用各派廚師的媒體形象：如抱著貝列斯母雞的「農產品捍衛戰士」－喬治‧白蘭(Georges Blanc)，舉杯酧

● 「紅酒蔥泥梭鱸魚」。圖片提供／La Côte d'Or

推薦菜單

新鮮牛肝菌蘋果沙拉
Salade de cèpes crus à la pommes

紅酒水手魚汁佐嫩蛋
Les oeufs en meurettes

香芹汁大蒜泥佐田雞腿
Les jambonnettes de grenouilles à la purée d'ail
et au jus de persil

♠

新鮮蠶豆濃味蔬菜燉螃蟹
Le ragoût de crabes aux fèves fraîches

大蒜馬鈴薯泥佐鹽中之花加味新鮮鱈魚
Le cabillaud au gros sel et purée de pommes de terre aillée

紅酒蔥泥梭鱸魚
Le filet de sandre et la fondue d'échalotes
à la sauce au vin rouge

♥

黑巧克力冰淇淋玫瑰油酥餅
Rose des sables à la glace pur chocolat

慕斯卡冰糕炸水蜜桃及醋栗
Poêlée de pêches et groseilles sorbet muscat

暢、陶醉於美食美酒世界的「享樂主義者」—米謝爾和皮耶·托格侯(Michel & Pierre Troisgros)等,自創「雜」家一派,因而成為媒體的新寵兒。剛拍完照的他,快樂地對記者及他的 Fans 大聲地宣稱:「『金邊』(La Côte d'Or)餐廳不能一天沒有我,因為來此用餐的客人,都是為我而來。現在媒體想談料理,就會說:『找貝納·羅叟!』我的當紅情形已經超過保羅·包庫斯!甚至有人說我取代了他!」

的確,一九七五年,當時的法國總統季斯卡(Valéry Giscard d'Estaing),在總統府艾麗絲宮(l'Elysee)頒贈保羅·包庫斯「榮譽勛位騎士」(Chevalier de la Légion d'Honneur);二十年之後,貝納·羅叟獲得由密特朗總統頒贈的同樣殊榮。一九九六年,貝納·羅叟繼保羅·包庫斯,成為巴黎「葛列凡博物館」(musée Grévin de Paris)名人之列,成為有史以來唯一名列此博物館的兩位廚師。此外,羅叟於一九九一年,被刊登於《New York Times》雜誌首頁,同年並當選

與感性兼具、探討美食製作與食物知識的巨作。一九九七年，他監製了法國料理界第一張光碟「味的世界」(Le monde des saveurs)，並首建個人網站，將法國料理推向多媒體時代；同年度，出版《貝納‧羅叟的家庭料理》(Bernard Loiseau cuisine en famille)，名列該年度的暢銷書排行榜。

專業的《主廚》(Le Chef)雜誌年度最佳廚師；他的第一本著作《美味的飛揚》(L'Envolée des saveurs)，為他贏得次年「布里亞—薩瓦蘭獎」(Prix Brillat-Savarin)及「年度最佳美食書獎」(Prix du plus beau livre gourmand)；次年的實用兼趣味性的《文字遊戲與竅門》(Trucs, astruces et tours de main)，四個月銷售了五萬本。一九九四年，前任《華爾街日報》(Wall Street Journal)駐巴黎的特派員威廉‧艾奇克森 (William Echikson)來到名酒的故鄉勃根地 (Bourgogne)，花費整整一年的時光，不為喝盡勃根地珍藏，而為就近記錄觀察貝納‧羅叟；一九九五年九月，威廉以英文在美國出版《明星調查》一書後，引起一陣騷動；一個月後，貝納‧羅叟和他的才女太太(記者、作家兼出版社社長)多明尼克(Dominique)，共同出版《貝納‧羅叟的週日》(Les Dimanches de Bernard Loiseau)，將二年多來在《週報》(Journal du dimanche)上的專欄集結成書，為知性

這位超人氣料理明星的崛起過程有如小說般曲折離奇。他激動地說：「因為我來自一無所有的家庭，連洗澡都要上公共澡堂；為了脫離這樣的環境，我發誓，要盡一切的努力征服命運。強烈的「憤怒」使我能爬到今天的位置！如果我的父母讓我天天睡在一張柔軟的絲床上，我就不會是今天的我。」白手起家的他，除了憑著這股想扭轉乾坤的決心外，還有一連串的「偶然」。

「偶然」的開始發生於位於胡安(Roanne)小鎮的「三個胖子」餐廳。當年的「三個胖子」只是一家口碑不錯的地方餐館，還沒有世界媒體與觀光客頻頻叩門的景象。羅叟跟隨著跑江湖的父親路經此地，就會來吃頓便飯，順手打個小牌。某次牌局進行到一半，羅叟父親向托格侯兄弟毛遂自薦他的兒子當學徒，就這樣，十七歲的羅叟

● 所有房間都面對花園，客人可自由選擇在花園或早餐室用餐。圖片提供／La Côte d'Or

●品賞「陳年查爾特勒甜酒」的沙龍。

在父親的安排下，進了日後聲名大噪的「三個胖子」餐廳。服完兵役後，他一邊在舅舅的肉類食品店工作，一邊等待機會，再一次，幸運女神的魔棒又點中了他⋯。無意間，羅叟在路上巧逢

●「金邊豪華別墅」早餐廳。

「三個胖子」的同門師兄，他透露了在巴黎的「克里奇柵欄」(La Barriére de Clichy)餐廳主廚─克勞德・費傑(Claude Verger)，正在徵人的消息。羅叟一聽到，立即回去收拾行李，不到五分鐘，他已經坐在前往巴黎的火車上⋯。一下車，他一路衝往餐館，沒等門房的同意便抱著箱子闖進大廳，倏忽間，他被眼前的景象驚得目瞪口呆⋯，衣帽間裡掛滿了白鼬皮衣，淑女們穿著最新款晚宴服，在大亨的陪伴下，緩緩步入中央舞池；Rotschild莊主身旁巧笑顧盼、美若天仙的女子，引起大夥妒嫉的眼光⋯；舞台中央的樂隊則賣力演奏著如癡如醉的墮落巴黎小夜曲；角落邊啜飲著香檳的淑媛，在酒精的催化下，受禮教束縛的僵硬身軀，逐漸透露出柔和的訊息，不時還

夾帶一陣陣鈴鐺般的笑聲⋯；坐在她們身旁，穿著緊身小背心的士紳們，在黃澄的燈光照映下，臉頰泛起微微的紅光⋯。羅叟被眼前的景象迷醉，直到手中的箱子滑落在地，發出「砰」的一聲⋯！

展現黑馬實力

不過，羅叟並未被迷惑太久，一年後，他打道回府。他吐露當時的心情：「兩個月後，我就想走人！因為我以『高人一等』的技巧洗雞屁股；我要求老闆升我等級，但他拒絕⋯。」不過，幸運女神，再度眷顧這位急進卻不失坦率的大男孩，主廚克勞德・費傑在巴黎開了第二家餐廳「La Barriére Poquelin」，請他出任主廚。羅叟回憶當時：「費傑感受到我是一匹黑馬，不願意一輩子活在他人的陰影之下，所以他給我一個機會，做我想做的。我立即拋下一切，連薪水都留下，隻身回到巴黎⋯。直到現在，我都深深感激他為我做的一切，他總是將我擺在舞台的中心⋯。」克勞德・費傑所做的不僅於此，一年後，他將買下的索里憂(Saulieu)「金邊」餐廳，無條件托付給羅叟，他僅簡單地說：「貝納，你將會是這個時代最偉大的廚師，你會得到《米其林》

146

三顆星。這間餐廳，我無條件借給你，直到你可以買下的那一刻…。」這間餐廳以前的主人就是被稱為「小號普安」的廚師—亞歷山大‧杜曼(Alexandre Dumaine，一八九五～一九七四)，並在此任主廚長達三十三年之久(一九三一～一九六三)。他宣稱：「世上只有一種料理—好的料理！」在此信念下不斷努力，一九五一年，終於贏得《米其林》三顆星；遺憾的是，杜曼身後卻沒有留下任何著作。生性耿直的杜曼，因某位匿名客人的一句話：「在杜曼這兒，我們只滿足了面子！」導致激憤中的杜曼，將記錄畢生廚藝精華的「金書」(Livre d'or)，投於火爐中，任其付之一炬…。雖然當晚，面對妻子，強人的他終於流下後悔的眼淚，卻為時已晚。這間曾經接待過無數電影、舞台劇明星的風光餐館，隨著杜曼的去世而沒落，如今，在「金邊豪華別墅」入口處的「博物館廳」(salle-musée)，仍掛著亞歷山大‧杜曼的畫像，並被當成飯店的「早餐室」使用。

接管後的數年間，羅叟住在低租金住房(H.L.M.)，屋內極為簡陋，當時，很多人都勸他放棄，包括他的妻子，但他只專心一致地朝著自己相信的目標邁進。七年後，他買下這間餐廳，並將賺來的錢用來整修內部、擴建飯店；一九八五年時，「金邊豪華別墅」(Résidence de la Côte d'Or)整修擴建完成，共包括十間房間及公寓，所有房間都面對花園，客人可自由選擇在花園或早餐室用餐，房間走廊皆以法國當代最偉大的廚師為名。他與畫家畢費(Buffet)是將近二、三十年的老朋友，羅叟滿屋內放置了大大小小他的作品，而美侖美奐的古典名畫複製品，也為室內增添了些微的古典氣息。一九八九年，「金邊豪華別墅」被美食旅館評鑑權威《Relais & Châteaux》列入推薦名單之一，並贏得最佳早餐的榮譽。此外，餐館內最名貴的收藏當屬伊澤爾省(Isère)省會格勒諾布爾(Grenoble)出產的「陳年查爾特勒甜酒」(chartreuse)，這種甜蜜但酒勁十足的酒，據說法國人喝上一兩杯就會開始唱馬賽進行曲。

站在舞台中心

不安於現狀、精力旺盛的羅叟再度進行破土整修工作。這次他將老式停車場翻修，並在隔壁新買的旅館內，建立廚房及餐廳，餐廳外部花費一年的時間翻土重建成一英式花園。一直以來，默默耕耘的羅叟，終於苦盡甘來，瞥見《米其林》三顆星的光芒。他感慨地說：「我用盡整個生命的力量只為了一個目標—完完全全的成功！我變成一位『除草機廚師』，沒有任何人能阻撓一心

● 「香芹汁大蒜泥佐田雞腿」。圖片提供／La Côte d'Or

一意想成功的我。」一九九一年，伴隨著三顆星而來的是離婚，接著再婚。四十四歲時，他成了兩個孩子的爸爸，獲得「榮譽勛位騎士」的殊榮，並入選巴黎「葛列凡博物館」(musée Grévin de Paris)名人之列；一九九五年，「貝納‧羅叟精品店」開張。就在他事業達到高峰之際，另一個「偶然」的際遇降臨在他身上…。

一九九六年阪神大地震發生時，他正在名古屋出差，睡眠中，房間的牆壁在眼前如吐司麵包般被撕裂成數段，地板下陷，他整個身體懸浮在半空中，六具血肉模糊的屍體躺在地上…，恍惚中，他看到另一個「他」出現眼前，對他說：「貝納‧羅叟！多一個或少一個電視節目報導你，多一家少一家廣播訪問你，現在又有何意義？愛你的妻子及兩個孩子在等著你回家…。」此刻，那個「他」消失，剩下的，是腦子不再被「媒體」熱潮衝昏頭的他。阪神大地震雖然摧毀了無數的家園，卻也凝聚了真正相愛的人們…。

老實說，我並不是很被羅叟的料理外觀蠱惑，而真正是為料理的真實與簡單所觸動。每道菜都可以清楚地辨別出原始的味道，例如「香芹汁大蒜泥佐田雞腿」(Les jambonnettes de grenouilles à la purée d'ail et au jus de persil)，盤內的香芹汁與花園中剛剛採摘下來的香芹味道無分

軒輊，甚至喚回我味覺記憶中，父親以摘自後花園的香芹所做的魷魚羹湯，熱滾滾的湯裡，飄浮著藏不住的香芹香…。盤中的綠香芹、白大蒜泥與奶油微煎的田雞腿各自分開烹調，再於最後一刻置於盤中，為的是使盤中的元素既能保留原始的個性，又能混合一起共同奏出和諧美妙的樂曲。羅叟的每一道料理都遵守著這個原則而行。

今日的他，正為下幾個計劃忙碌著。一九九八年於「瑪德蓮神殿」(La Madeleine)附近開一家平價的酒吧間(bistrot)，這個在五〇年代非常盛行的飲食文化傳統，似乎在麥當勞速食的強烈攻勢下面臨絕跡的命運。然而，近年來，許多三星級大廚相繼投入市場，造成起死回生的可能。

如果說當廚師的，有什麼異於常人的嗜好，大概是「戀食物情結」。亞倫‧巴薩德(Alain Passard)曾用一種很奇怪的方式看著鍋內被奶油煎得吱吱喳喳慘叫的龍蝦對我說：「每次當我注視著平底鍋，我總是可以『讀』出寫在鍋底的語言…。」羅叟第一次嘴巴滿含香草，就被香草引起的極度感官亢奮而情不自禁，從此以後，就患上了嚴重的「戀食物情結」。至今，每次觸及新鮮的食物，就會興奮難捱。也許，正因為這樣的天賦異稟，使得他成為《米其林》的三星大廚，您覺得呢？

喬治・白蘭 *Georges Blanc*

當我們懂得與他人分享，「歡樂」變得完美。

～喬治・白蘭

●生活在酒鄉與大自然的農民們，與四周的環境融合一體，散發出一股特殊的情調。

喬治‧白蘭(Georges Blanc)
《米其林》＊＊＊
《GaultMillau》19/20
地址：Au bord de la Veyle，靠近花園
電話：04 74 50 90 90
傳真：04 74 50 08 80
套餐（Menu）：470～860法郎
單點組合（Carte）：600～900法郎
週一、二（除六月中～九月中）休息

充滿鳥語花香的小鎮佛納斯。

●「喬治・白蘭」餐廳的酒單。

　　小時候讀過的童話故事中，有這麼一段…。擁有每天會下一個金雞蛋母雞的夫婦，在享受了一陣子無憂無慮的生活後，爲了更快地取得更多的財富，將母雞殺了，結果是捨本逐末，但後悔也來不及了。後人記取了這個教訓，待母雞有如琉球人信豬爲聖靈般，尊崇寵愛有加，在吃雞前，都得先來一段禱告…，但唸的不是「主耶穌基督，感謝您賜給我們豐盛的一餐…」，而是「感謝母雞神娘娘，讓我們吃妳。並請保祐我們家族，一生一世大富大貴。」最後再模仿母雞的咕咕叫，代替「阿門」做爲終結。如今世上因「擁雞而貴」的家族，所在多有，如新加坡的「海南家族」、美國的肯德基、台灣的頂呱呱等；而在法國，也存在一個世代代效忠母雞的家族，這個家族正是唯一獲得A.O.C.(appellation d'origine contrôlée)的「貝列斯(Bresse)母雞」捍衛騎士—白蘭(Blanc)家族。說起他們和母雞的淵源，要回溯到一八七二年，法國第一間小旅館創立的年代，也是「美食王子」庫能斯基誕生的年代…。

●「喬治·白蘭」餐廳的菜單。

●「貝列斯母雞」捍衛騎士。圖片提供／Vanderplaetsen

推薦菜單

★招牌麵餅（供佐菜用）

佛納斯雞蛋牛奶餅
Les crêpes vonnassiennes

♣

香料皮燜鴨肉凍
Foie gras de canard confit en écorce d'épices

貝列斯白雞肝糕
Le gâteau de foie blond bressan

貝列斯雞肝醬佐紅酒糖煮無花果
Fondant de poularde de bresse au foie gras,
compote de figue au vin rouge

鮭魚魚子醬配 *parmentière* 蛋餅
Crêpe parmentière au saumon et caviar

奶油醬汁貝列斯母雞
Poulet de Bresse à la Crème

馬鞏內式清煮螯蝦
Les écrevisses à la nage mâconnaise

濃湯佐烤鴿翅
Aile de pigeon rôti servie dans un bouillon corsé

蘑菇肉丁檸檬貝列斯圓形雞肉片佐百里香花四季豆泥
Citronnade de poularde de bresse en rouelle et salpicon concassé
de haricots verts à la fleur de thym

雞肝及G7式的大蒜瓣貝列斯雞
Poulet de bresse comme au G7 avec gousse d'ail et foie gras

♥

松果奶油夾心烤蛋白
Meringué à pomme de pin

◆

酒
Mâcon-Azé, Chiroubles

「白蘭媽媽」的神話

尚·路易 (Jean Louis) 與妻子羅莎利 (Rosalie)，於佛納斯 (Vonnas) 當時的市集廣場附近，建立了日後名滿天下的「白蘭小旅館」。起初，前來此處的客人，十之八九為雞蛋批發商。每星期四一大早，這些運送家禽蛋，駕著馬車趕著參加市集的商人，先藉著該店熱騰騰的招牌湯暖和身子，再去市集兜售雞蛋；當一天的辛苦結束時，他們再吃上一盤豐盛的快餐以犒賞自己。招牌湯的美味名聲，就這樣隨著這些沿路賣雞蛋的批發商從一個市集流傳到另一個市集。然而，真正使得此地聲名大噪地，卻是他們兒子阿朵夫·白蘭 (Adolphe Blanc) 的妻子愛麗莎·傑妃 (Elisa Gervais)，當時人們尊稱她為「白蘭媽媽」（mère Blanc）。她使用品質最好、最新鮮的材料，以母親為孩子下廚的心情，製作出一道道美

●被尊稱為「白蘭媽媽」的愛麗莎·傑妃。（中）

●尚‧路易與妻子羅莎利，建立了日後名滿天下的「白蘭小旅館」。
●製作中的「佛納斯雞蛋牛奶餅」。（下圖）

味無比的鄉土佳肴。所有吃過的食客都無法忘記她菜肴中隱藏的美味，結果一傳十，十傳百，加上汽車時代的來臨，使得小旅館的人潮一波又一波，簡直欲罷不能。「白蘭媽媽」的料理不僅征服了當時的市井小民，連當時素有「美食王子」美譽的庫能斯基在嚐過她的「白汁松露田雞」(Blanquette de grenouilles aux truffes)、香香濃濃的「奶油醬汁貝列斯母雞」(Poulet de Bresse à la Crème)、味美的「馬鞏內式清煮螯蝦」(Les écrevisses à la nage mâconnaise)，配上道地的「佛納斯雞蛋牛奶餅」(Les crêpes vonnassiennes)，及一道最別出心裁的「貝列斯白雞肝糕」(Le gâteau de foie blond bressan)後，也不禁感嘆地說：「這是全世界最好的料理！」。接踵而至一波波記者的報導僅是錦上添花而已⋯。一九三四年，長子尚(Jean)娶了麵包店師傅之女寶蓮(Paulette)，直到一九六八年，傳給第四代的掌廚人喬治‧白蘭⋯。

懷著強烈的好奇心，為了親睹這個傳奇家族，我越過崇山峻嶺，來到佛納斯這個充滿鳥語花香的小鎮。沿著溪邊一路走下去，不遠處，一棟矗立於溪畔的小旅館霍然出現眼前，窗檯上裝飾著五顏六色的鮮花，使得鵝黃底色的牆面頓時亮麗起來，斗大的名字「Georges Blanc」掛在其間，顯得格外顯眼。小旅館周圍除了停車場外，還是傳統的市集所在，一大早，老太太們手挽著

竹編籃子，悠閒地逛著攤子，遇到熟人，還會聊上一陣，彷彿時間對此處居民並不存在⋯。　來到傍水而居的小旅館門口，雖然此處並非位於深山叢林間，無法譜出如彼德‧梅爾(Peter Mayer)《山居歲月》中的景象，然而，無處不在的「小橋、流水、人家」，鮮花簇擁著的小鎮風光，好比世外桃源，住在此地的居民，真是幸福呀！被眼前景致吸引的我，坐在草坪上發起呆來⋯，四周的白鴿似乎怕我孤單，也來陪我做夢⋯。

法國料理界王子

感染了些許當地特殊的鄉間氣氛的我，不覺沿著漂浮著睡蓮的小溪一路散步下來，竟然給我挖掘到另一個寶藏—「傳統農具及各式各樣的套牲口馬車博物館」。我邊參觀邊想像前來「白蘭小旅館」的雞蛋批發商，每星期四一大早，駕著馬車前來趕集⋯。想著想著，時光好似倒流到十九世紀⋯。

回到距離「喬治‧白蘭」小旅館不遠處，那兒座落著同樣掛上喬治‧白蘭名號的另外兩棟建築物。一棟為藍色的「柳樹住宅」(La résidence des saules)，住房價格較「喬治‧白蘭」小旅館平價。在這兒，你一定不會看到一群美得過火的高貴女士及衣服穿得筆挺的士紳，搭著直昇機從天而降，因為這些聞著美食旅館評鑑權威《Relais & Châteaux》之風而來，尋求一晚又一晚

●餐廳附設的酒窖。
●紅色沙龍裏，掛著以大自然為主題的壁氈。
（右頁）

狂歡的豪門，多半會轉往喬治·白蘭位於Epeyssoles的水上花園城堡。

喬治·白蘭除經營小旅館，尚自營自建酒莊—Domaine d'Azenay，以出產馬鞏(Mâcon)的白酒及香檳聞名，如「Blanc d'Azenay-1996」、「L'Or d'Azenay-1996」，及由純白葡萄釀製的「Brut d'Azenay」香檳等。「柳樹住宅」一樓設有「喬治·白蘭精品店」(Les Boutiqes Georges Blanc)，就是專門出售自家經營生產的葡萄酒，如單寧及香味都很纖細的布依利(Brouilly)葡萄酒產區「Chateau de Pierreux」的薄酒來；此外，店內還出售價廉物美的法國名酒，如我在此地發現的酒王 Pétrus-1976年，價格低得出乎想像，僅二八五〇法

●無處不在的「貝列斯母雞」圖案。

郎！而該店最老的一瓶酒 Ch.Yqueme-1891年，也在酒窖珍品名單之列，總數高達六萬五千瓶的收藏，稱得上是法國數一數二的餐館附設酒窖。除了美酒外，此地還有讓我眼花撩亂的地方土產，如香腸、橄欖油、香料、酒醋、調味醬等，及現成的鵝肝凍、鴨肝凍、熟肉醬及魚湯等…。

在這兒，各式各樣的陶器、餐巾、領帶、甚或桌布、圍裙、紙巾上，都可見到無處不在的「貝列斯母雞」圖案，好比置身於雞園中…。如果你同我一樣，是位貪吃美食，經濟又不怎麼寬裕的人，不妨來位於「柳樹住宅」對面，建於一九〇〇年的「白蘭小旅館」(Auberge des Blanc)，此處供應本世紀初的正宗純鄉土料理，如「勃根地蝸牛」、「Dombe式炒田雞腿」(Les cuisses de grenouilles sautées comme en Dombes)、「奶油白斑狗魚」(Quenelle de brochet à la nantua)等，讓渴望一嚐地方美食的我，盡興而歸。

距「柳樹住宅」幾步之遙，一條充滿了鮮花的巷道旁，一棟名為「鮮花庭院」(La Cour aux Fleurs)的傳統勃根地式的建築物矗立一旁，與「喬治·白蘭」小旅館，以二樓的通道相連接。同為這三棟豪華小旅館兼餐廳及精品店主人的喬治·白蘭，是 Epeyssoles水上花園城堡的擁有者，也是建於十一世紀的馬鞏舊橋邊的海鮮料理店「聖羅弘」(Saint-Laurent)的主人，並同時擁有十七畝的夏多妮(chardonnay)葡萄園酒莊—Domaine d'Azenay。除此之外，喬治·白蘭為 A.O.C.貝列斯母雞農會組織的主席，同時獲得「榮譽騎士」(chevalier de la Légion d'honneur)、農業勳章、文藝勳章及擔任「法國美食公會」(La chambre sydicale de la Haute cuisine française)主席等職位，而且是無數美食著作的作者，可謂

享有法國「料理界王子」般的尊崇地位。

二十五歲即執掌家族企業的喬治・白蘭，認為自己的角色如同一位「作曲家」或「樂團指揮」。為了將祖先遺留下來的聲譽繼續延續下去，一方面保存傳統的精華，另一方面不斷地整修、擴建、革新，不以現有的成就為滿足，總是思索改進的可能…。「自從掌管事業的第一天起，每當我早晨醒來，總迫不及待想工作，因為每天總有無數的新鮮事發生，使我對工作的熱情，百年如一。」現今五十五歲的喬治・白蘭，依舊如孩子般地興奮。「我是一個幸福快樂的人！真的！我工作是為了與人分享我的滿足快樂，同時也是為了與顧客溝通，我的料理如同『愛』的表現。每天雖工作直到凌晨二點，但我並不認為這是一種『懲罰』，因為每天能遇到來自世界各個角落的客人，每個與我不同的人，都

帶來不同的刺激與想法，餐廳成了『文化思想交流的地方』。」

這位身材不高，但志氣卻高人一等的主廚，很害羞地拿出他最新一季的菜單給我看，他興趣盎然地說：「我的料理是『地方傳統料理』與『創新』的『結晶』。每年我隨著季節改變菜單，這份就是剛出爐的夏季菜單。妳瞧！菜單上有超過三分之一的菜肴，也就是九道菜，在概念上是全新的。從這兒，妳就可以了解到，我是有『超越』和『創新』的能力，尤其對那些熟客而言更是如此。但這不僅存於菜肴本身，連屋舍的裝飾亦然。」我看著菜單封面的貝列斯母雞圖像，好奇地問他，是否這也在他的設計項目之一。他點點頭，又給我看了另外兩幅出自畫家Sibylle de Fischer之手，專為了表現出喬治・白蘭的鄉土料理風格而特別創作出，以

●「貝列斯雞肝醬佐紅酒糖煮無花果」。

●由左依次為「蘑菇肉丁檸檬布雷斯圓形雞肉片佐百里香花四季豆泥」、「雞肝及G7式的大蒜瓣布雷斯雞」、甜點「松果奶油夾心烤蛋白」。

「高盧公雞」來象徵法國的榮耀及遵循傳統與鄉土的理念。

帶有呼吸律動的料理

　　坐在紅色沙龍裏，環望著這間由喬治・白蘭及夫人一手布置的大廳，既帶有鄉村的氣息又富有貴族的考究。如上好的木雕傢俱；精心挑選，以大自然為主題的壁氈；富歷史風情的傳統壁爐及佛蘭德風格的繪畫；甚至連壁上掛著的古色古香的銅鏡，都透露出一股富裕的氣質。然而濃濃古意中，因為菜肴本身的顏色與味道，及其延展出來的氣氛，使得傳統與鄉土料理帶有一抹「活生生」的氣息。如餐廳的服務生及大廳中的客人們，多半來自勃根地區或當地居民，生活在酒鄉與大自然的農民們，天生具有的酣暢、享受人生的氣質，與四周的環境融合一體，散發出一股特殊的情調，這股特殊的鄉野浪漫情調，我只在此尋獲。

　　喜愛大自然的喬治・白蘭，無論是甜鹹兼具的前菜「貝列斯雞肝醬佐紅酒糖煮無花果」(Fondant de poularde de bresse au foie gras, compote de figue au vin rouge)，或是酸酸甜甜的「鮭魚魚子醬配parmentière蛋餅」(Crêpe parmentière au saumon et caviar)，是以蘋果及檸檬調製的調醬，搭配新鮮無鹽鮭魚及閃光鱘(sevruga)等名貴材料為餡的蛋餅，表面上看來無啥稀奇，但卻內藏金玉，我吃的時候，只覺得每

含一口，好像咬掉一塊房地產，難怪我這輩子都不可能出一本告訴他人如何理財的書。另外兩道喬治・白蘭的得意作，我吃來並不感同身受。但是名聲非常響亮的「蘑菇肉丁檸檬貝列斯圓形雞肉片佐百里香花四季豆泥」(Citronnade de poularde de bresse en rouelle et salpicon concassé de haricots verts à la fleur de thym)及一九九六年，為了七國經濟高峰會議而特別創作的「雞肝及G7式的大蒜瓣貝列斯雞」(Poulet de bresse comme au G7 avec gousse d'ail et foie gras)，都因貝列斯雞肉本身結實豐富的口味及富油脂的雞皮，烹調過後，特別地香醇。造型簡單，但是口味出奇豐富的甜點「松果奶油夾心烤蛋白」(Meringue a pomme de pin)，冰涼的奶油夾心烤蛋白不但吃起來爽口，可愛的松果造型也喚起我在大自然中野餐的自由自在心情。

　　臨別前，我問遊遍世界、品嚐過天下美食的喬治・白蘭，是否除了貝列斯母雞外，還另存有讓他「驚豔」的雞媽媽？這位曾經在貝列斯母雞面前宣誓世代效忠於牠的騎士，很含蓄地回答，某次，他參加 RAFFLES 大飯店舉辦的世界美食評賞會，路經之便，他嚐試了當地的「雞肉飯」，覺得：還不錯！我想，這名受貝列斯母雞毒已深的喬治・白蘭，除了有朝一日，能逼他吃下一隻同樣具有劇毒的母雞，以毒攻毒，否則大概…。

保羅及馬克・艾伯藍 *Paul & Marc Haeberlin*

*Pour une cuisine
riche en…
notre région d'Alsace
à tous les ingrédients*

*Haeberlin
le 4 Juillet 1998
à Illhaeusern*

●兒子馬克（左）及父親保羅。

對洋溢著「友誼」的料理而言，
我們的地方─阿爾薩斯，擁有所有的材料…。
～馬克・艾伯藍

●綠意盎然的大廳。

伊爾小旅館(Auberge de l'Ill)
《米其林》＊＊＊
《GaultMillau》19/20
地址：2,rue de Collonges au Mt-d'Or 68970 ILLHAEUSERN（Alsace）
電話：03 89 71 89 00
傳真：03 89 71 82 83
套餐（Menu）：商業午餐530法郎，630法郎（週末）
單點組合（Carte）：600～800法郎
淡季／週一、週二，旺季／週一晚餐，2月休息
60席

●「伊爾小旅館」的外觀。

●「伊爾小旅館」的菜單。

　　無論在德國、美國，或者日本、台灣，餐廳的外貌總是大同小異，有時連裝潢都神似。然而，在法國，每間餐廳都擁有自己的個性，無論是明顯如餐廳外觀、內部陳設，細微到餐盤、食器、花瓶及桌布等，都見巧思，尤其是與村莊外圍環境相結合的「伊爾小旅館」(Auberge de l'Ill)，更可謂箇中翹楚。

　　沿著綠草如茵、楊柳垂釣的「伊爾橋」(Pont de l'Ill)溪畔，馬克·艾伯藍(Marc Haeberlin)家族，攜手共建了坐落於花團錦簇間，好比人間仙境的「伊爾小旅館」。如今，轉眼已超過一百年了。遠離塵囂的「伊爾小旅館」，好比遺世獨立的小莊園，在這兒，人們日出而作、日落而息，不管世事如何紛擾，它依舊保持著一分恬靜。懷著對大自然的無限敬意，艾伯藍家族以謙虛、虔誠的心，將大自然賦與人類的美食，經過精心料理，與美好的用餐環境相結合，幻化成詩意盎然的生活藝術；並藉此喚起世人，一起用心來維護日益式微的傳統飲食文化與生活的藝術。

　　近二世紀以來，阿爾薩斯地方料理發展成「活」的生活文化，而料理藝術更成為人類文化的見證。深受德、法兩種文化影響，該地特殊風

● 「伊爾小旅館」的甜點菜單。

Les desserts de l'Auberge de l'Ill

推薦菜單

♣

牛羊肚沙拉佐蠶豆鵝肝慕斯
Salade de tripes panées, au foie d'oie et aux fèves

鴨肝慕斯及鴨肉球莖甘藍紅糖蘿蔔白蘿蔔冷盤
L'aiguillette de canard de challans et son foie sur un lit de
choux-raves et petite saucisse de canard

♠

小鴿子千層酥
Feuilleté de pigeonneau aux choux et aux truffes

伊爾小旅館的鮭魚蛋奶酥
Le saumon soufflé auberge de l'Ill

芹菜奶油混新鮮松露佐鮮大菱鮃
Le turbot poêlé, sur une masseline de céleri et crème de truffes
fraîches

黑油酥皮包羊排佐黑橄欖、
百里香及Munster山谷牧羊人式的烤馬鈴薯，
配香脆四季豆及雞油菌牛肝菌
La côtelette d'agneau en strudel, accompagnée de pommes
de terre cuites comme en vallée de Munster,
parfumé aux olives noires et au thym

♥

艾伯藍水蜜桃
Pêche Haeberlin

威士忌香草冰淇淋夾心蛋糕，
佐艾伯藍祖母秘傳一覆盆子水果醬
Vacherin glacé vanille bourbon et framboises façon
grand-mère Haeberlin

栗子金字塔配奶油巧克力醬及糖水栗子冰淇淋
Pyramide aux marrons, beignet chocolat "truffes" et glace aux
marrons confits

味的酒與深具個性的地方料理融合，在最艱苦的戰爭時刻，給與人們心靈的慰藉及生存下去的勇氣。而位於僅五百名居民的易好瑟(Illhaeusern)小村莊中的「伊爾小旅館」，今日之所以變成「阿爾薩斯精緻料理文化」的象徵，與它的地理環境與歷史背景之獨特有莫大的關連。

河邊溫馨家庭料理

「Illhaeusern」原文意思為位於伊爾河(Ill)邊的房子。一個世紀之前，這個小村莊的居民，盡數為漁民，處於田野的中心，放眼望去，一片黃澄澄的玉米田及綠白相間的花椰菜環繞，再加上河中盛產的鯉魚、鰻魚、鱒魚等，真可比擬中國江南的水鄉澤國美景。

一八八二年時，艾伯藍祖父母遷居至此，靠著種植蔬菜、捕魚及經營一間名為「綠樹」(L'Arbre Vert)的小咖啡館維生。當時的菜單上，大多以魚及炸薯條為主，偶爾，間或推出野味、青蛙肉、或「醃酸菜配土豆豬肉」(Choucroute)等不同的選擇。來自科瑪(Colmar)及塞勒斯塔

(Sélestat)兩地的布爾喬亞家庭及本地居民，每逢假日，總喜歡前來此地，享受一頓充滿歡樂的佳肴美酒。溫暖如家庭的氣氛，加上艾伯藍夫婦串場其間，帶動了鄰桌間良好的「溝通」，使得彼此很快跨越鴻溝，打成一片；餐後，人們圍著桌子跳起傳統的阿爾薩斯舞，直到筋疲力竭、盡興而歸。有時，山上辛苦工作了一天的葡萄種植者，帶著滿身葡萄酒氣，醉意闌珊地來到此，希望享受一盤盤熱騰騰，由艾伯藍太太親自下廚烹飪的「奶油白斑狗魚」(Brochet au beurre)或新鮮的「多穴魚」(Tanche)。情感的互動，搭配艾伯藍家族料理中特有的詩意與餐盤中洋溢的大自然

●與自然合為一體的咖啡杯設計。

繽紛色彩，將單調貧乏的日常用餐，轉變為富有情感色彩的盛宴。

當生命之中的情調與色彩因大自然的洗禮而變得豐富易感時，何需到一棟棟冰冷的博物館內，忍受摩肩接踵的辛苦，只為了一窺某大師轉化大自然為一件件藝術精品的不可思議？！

在這裡，人們生活在大自然中，心靈自由平靜，簡單和諧。僅管隨著時光飛逝，人事變遷。其間，馬克的父親保羅(Paul)及伯伯喬‧皮耶(Jean Pierre)出生，然而，易好瑟小村莊、「綠樹咖啡館」與伊爾河流，卻絲毫未受影響，倒是周遭的大環境慢慢地改變…。一九四○年六月五日，二次大戰期間，伊爾橋與「綠樹咖啡館」遭受軍隊的轟炸，毀於一旦，易好瑟村莊被德軍改為裝備站，直到一九四五年一月，這個悲慘的命運才告結束。

地方料理邁向藝術極境

面對戰後滿目瘡痍的小鎮，被炸為平地的「綠樹咖啡館」，艾伯藍家族並未因此而灰心喪

●入口處的鵝鴨與飛魚部隊。

志，反而因此愈挫愈勇，堅持原有的理想，為了重建昔日美好的「夢想家園」而奮鬥。為了不忘當日所發的誓言，他們將「綠樹咖啡館」，更名為「伊爾小旅館」，紀念被炸毀的「伊爾小橋」。轉眼間，五十多個年頭過去了，如今「伊爾小旅館」共有四十五名員工，其中廚房占有十五位，個個皆是法國料理界未來頂尖的廚師。每天，來自世界各地的慕名訪客，不畏路途迢迢，只為了一睹這個至今仍不受塵世沾染的淨土，享

受片刻的脫俗與安靜。

「伊爾小旅館」今日的成功，都得自於艾伯藍家族點滴的累積，其中最主要的兩位奠基功臣首推馬克的父親保羅，及畫家伯伯喬·皮耶。

這兩位自小無論個性、理念與興趣皆南轅北轍的兄弟，在大戰其間，被迫參加不同的戰線，為不同的政治理念服務。喬·皮耶自大戰歸來時，身穿德軍服裝，擁抱著身穿法國軍服的保羅，潸然淚下。原本一心想成為畫家的喬·皮耶，最後成了餐廳的主管，與掌管料理的保羅，終於得以站在同一戰線，為共同的理想奮鬥。如今，餐廳的菜單封面，就是出自他的傑作⋯。

保羅狂放不羈的個性很早就顯露在他自我學習的過程裡⋯。保羅並不滿足於現有的傳統阿爾薩斯料理的訓練，反而一心想在既有的傳統阿爾薩斯料理中，走出一條創新之路。他的先天傲骨推動他成為一位完美的「手藝者」

●「伊爾小旅館」廚師合影。

● 「芹菜奶油混新鮮松露佐鮮大菱鮃」。　　　　　● 「黑油酥皮包羊排佐黑橄欖、百里香及Munster山谷牧羊人式的烤馬鈴薯，配香脆四季豆及雞油菌牛肝菌」。

(artisan)，遊刃有餘地在「100%的料理技藝師」與「料理藝術家」間自由漫步。他的第一步是叩啟艾德華・韋伯(Édouard Weber)在麗伯菲蕾(Ribeauvillé)「La Pépinière」餐廳的大門。

這位曾任蘇俄沙皇及希臘御廚的廚界高人，原籍也是阿爾薩斯，在傳統的料理中汲取無限靈感，自虛偽矯情、喜好賣弄學問的保守世界中脫穎而出，率先以「傳統與創新」的精神，將阿爾薩斯的地方料理推往藝術極境。艾德華很早就發覺保羅的天份，給與他充分的自由，發揮想像。保羅也很懂得善用這點「特權」，一會兒在烤雞的過程中，加上這麼一點點個人的筆觸，使得一隻平凡無奇的「烤雞」，變得美味異常；一會兒如作曲家般地調整醬汁(sauce)的組成，使得口味完全改變。每一次，經過保羅調整過的料理，就如同「窈窕淑女」中的賣花女般，麻雀變鳳凰。保羅尤其學會了如何將味道凝重非常、個性桀傲不馴的「黑鑽石」─松露(truffe)，以高度

的廚藝，轉化為盤中詩意的音符。如他發明的「芹菜奶油混新鮮松露佐鮮大菱鮃」(Le turbot poêlé，sur une musseline de céleri et crème de truffes fraîches)，以口感細膩香甜的芹菜奶油醬，配上刨得細薄輕盈宛如雪花的新鮮松露片，那股香濃卻不膩的醬汁，與肉質鮮美的魚肉揉合，使得一盤看似平凡簡單，甚至流於「小酒吧」級(Bistrot)的家鄉菜肴，帶著近乎詩意的神奇。七月時分，面對庭院中盛開的各色鮮花，品味著這盤佳肴，幻想著四月的日本，櫻花在最美的那一瞬間，悄然凋零，在微微的春風吹拂下，自行吹奏著一首哀怨的「櫻花淚」；而我盤中的松露片，卻在法國陽光的照耀下，綻放著燦爛的黑色光采⋯。

他的才能還不僅於此，藉著他的想像，運用完美的技術，他將深受德、奧料理影響的傳統阿爾薩斯料理「Strudel」─以極薄的麵皮包裹絞肉及剁成細絲的甘藍菜的烤肉捲。以細膩的方式，改良成「黑油酥皮包羊排佐黑橄欖、百里香及

●具整體感的餐具設計，和餐廳結為一體。

Munster山谷牧羊人式的烤馬鈴薯，配香脆四季豆及雞油菌牛肝菌」（La côtelette d'agneau en strudel,accompagnée de pommes de terre cuites comme en vallée de Munster，parfumé aux olives noires et au thym），

●「牛羊肚沙拉佐蠶豆鵝肝慕斯」。

這道著名的菜是為了慶祝大衛王於耶路撒冷建城三千年，所特地舉辦的盛宴而設計。以羊肉及牧羊人式的馬鈴薯為主要材料，在文化面，多少影射猶太教中，吃逾越節祭神的羔羊代替殺子，銘感主恩之意。

甚或將帶點「鄉土俚俗粗獷味」的傳統阿薩斯料理，如名稱鄙俗卻美味的「里昂坑道兵的圍裙」（Tablier de sapeur lyonnais），其實它是一道「炸牛羊肚餅」。保羅發揮他的想像力，將之改

良為非常受當地居民歡迎的「牛羊肚沙拉佐蠶豆鵝肝慕斯」（Salade de tripes panées, au foie d'oie et aux fèves），食用時，再搭配阿爾薩斯白酒，堪稱一絕！

百年老店新鮮人

保羅的兒子馬克，似乎遺傳了家族喜愛藉由料理分享愛與喜悅的天性，但比起父親保羅的「傳統與創新」之外，更多了些天真與淘氣，及與大自然融合一體的詩意。例如他的拿手作品─造型可愛的「威士忌香草冰淇淋夾心蛋糕，佐艾伯藍祖母秘傳─覆盆子水果醬」（Vacherin glacé vanille bourbon et framboises façon grand-mère Haerberlin），「栗子金字塔配奶油巧克力醬及糖水栗子冰淇淋」（Pyramide aux marrons,beignet chocolat"truffes" et

●享受庭院用餐的樂趣。

glace aux marrons confits)，或甜點中的經典「艾伯藍水蜜桃」(Pêche Haeberlin)，甚至將大自然色彩盡收盤中的詩意作品「鴨肝慕斯及鴨肉球莖甘藍紅糖蘿蔔白蘿蔔」冷盤 (L'aiguillette de canard de challans et son foie sur un lit de choux-raves et petite saucisse de canard)等，皆可窺其料理精神。

　　馬克再一次地，賦予阿爾薩斯料理新的生命。對我而言，馬克料理的獨特在於「造型」予以現代化，及「口感」力求豐富和諧，不落俗套；此外，充滿天馬行空的「想像」。使得這間近乎百年的老餐廳，並未如大多數的「百年老店」，風光了一陣子之後，只剩下供後人訴說的回憶。反而一如長春藤般，日新又新。

●造型可愛的「脆餅冰淇淋伊爾小艇」。

●「栗子金字塔配奶油巧克力醬及糖水栗子冰淇淋」。

Provence

在普羅旺斯，人生一切的故事，都從餐桌開始。

克萊蒙・布魯諾 *Clément Bruno*

回憶、溫柔、許多的愛、好的食材，

加上二○％的技術，八○％的智慧及常識。

這就是讓用餐幸福的祕訣。

～克萊蒙・布魯諾

●無論是富豪士紳或市井小民，只要是來到了「布魯諾」，一律平等。

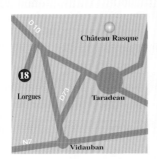

布魯諾(Chez Bruno)
《米其林》＊
《GaultMillau》16/20
地址：Route de Vidauban 83510 Lorgues
電話：04 94 73 92 19
傳真：04 94 73 78 11
套餐（Menu）：300法郎
週日晚、週一休息
20席

●布魯諾自製的魚時鐘。

誰來晚餐？

　　一九九六年冬季的某晚，普羅旺斯洛歌(Lorques)下起大雪，道路多被積雪阻塞，通行非常困難。當晚，位於小山丘上的「布魯諾」(Chez Bruno)的二廚多明尼克・梭納(Dominique Sognac)，望著窗外的風雪，不由地擔心起來…「今晚，這一二○位訂位的客人大概不會來了！」想著想著，電話鈴突然這時響起來，原來是其中一位預約的客人，想知道是否餐廳會因大風雪而今晚暫停營業？多明尼克堅決地回答：「我們今晚照常營業。」掛斷電話後，多明尼克靜靜地等待…；轉眼間已是晚上八點，餐廳內仍不見一位客人。焦急的他，壓制住滿是疑慮的心，一如往常地準備一二○人份的餐點，突然，侍者匆匆忙忙地跑進來，上氣不接下氣地說：「客人，…來了好多客人…。」結果那一晚，沒有任何一人缺席。當看到大廳滿座的情景，多明尼克不自覺熱淚盈眶…。回憶那個難忘的晚上，多明尼克悠悠地說：「世間只有他─克萊蒙・布魯諾！才能使

●「布魯諾」餐廳的菜單。

●「布魯諾的最後晚餐」。

●「松露國王」克萊蒙‧布魯諾。

得一二○位客人，就算是頂著大風雪，也要趕來這兒！」

半年前，從報上看到這則消息，對克萊蒙‧布魯諾這個名字就念念不忘。對於「吃」這件事，最重要的，不是吃什麼？而是在什麼地方吃？懷著這樣的心情，我決定一訪這間「奇蹟」餐廳及人稱「松露國王」的克萊蒙‧布魯諾。

這無疑是我尋找的餐廳中，地點最隱密的一處。隱藏在一大片葡萄園山丘後的小旅館，若非鮮豔的黃色壁畫，吸引了我佇足停留，否則就算是踏破鐵鞋，也無法在這荒郊野外裡尋得半點蹤跡。出自米蘭兩位藝術家喬安尼尼(Giannini)及柏拉圖(Prato)之手的壁畫──「布魯諾的最後晚餐」，兩臂伸展做擁抱狀的巨人布魯諾，身邊坐著十五門徒，包括他的三位好友：坐在兩旁、舉杯向他致敬的亞倫‧杜卡斯(Alain Ducasse)，賈克‧馬西曼(Jacques Maximin)及右前方戴眼鏡的尚‧杜克魯(Jean Ducloux)。天使拉開的布條上寫著：「他與他們分享麵包，他讓他們喝酒，他們

●「布魯諾」餐廳的庭院。

吃松露。」道盡了布魯諾的料理與個性。除了一般男性主廚慣有的自我為中心外，他的松露料理與「慷慨、博愛、平等」的料理哲學，也在此顯露無疑。壁畫下方，還有布魯諾自製的魚時鐘、坐在雲朵上的羅特列克及對月亮做夢的狗…。這間隱藏在山林中的小旅館，一七一〇年建立之初原為農舍，一九二〇年被布魯諾祖父母自洛歌神父處買下，雖然物換星移，人事已非，但為了紀念最疼愛他的祖母瑪麗葉(Mariette)，布魯諾以「瑪麗葉田野」(Campagne Mariette)為小旅館命名，至今仍保留了農舍那分真實、純樸的美。

我沿著葡萄園旁的小徑而上，來到位於半山丘上的花園客房，整個園子都被無處不在的葡萄藤點燃起一片酒香綠意；園內的石頭噴水池，更為炎炎夏日注入一股源源不斷的清新氣息…。赭紅色的屋簷下，穿過葡萄葉縫間的陽光，灑在圓桌的粗陶盆栽上，與牆壁上綠意盎然的繪畫、立在花園中的巨形五彩鳥相偕成趣，而這間宛如童話故事裡的花園，全出自布魯諾的 idea…。好奇

的我，來到隱藏在花園陰暗角落的房間…。

三坪不到的房裡，擺設了一大堆精緻的老式調味料容器，也有烤箱、微波爐等現代電器設備。「這兒就是布魯諾十二年前住的地方。」布魯諾的二廚多明尼克‧梭納，不知何時已來到我身後。個頭高大的他，有著山東佬的憨厚個性。他對我說起一段不為人知的往事：「當年，這間房間只簡單地擺設了一個爐子、一個冰箱、一張桌子，是布魯諾的廚房…。當時的洛歌，除了葡萄園外，沒有任何事物可以吸引過客停留片刻，直到布魯諾出現…。」

然而，沒有任何成功是天上掉下來的。十二年前，每天夜晚，他隔著窗戶眼巴巴地望著路上車燈來來往往，心中禱告了千百次，期望它們其中一輛會停下來，然而，時候未到…。那時的他經歷了人生中最困難絕望的日子…。甚至有過整個週末，沒有一位顧客上門的慘痛經驗，但他並不氣餒，反而以更多的愛，做出一盤盤可口美味的菜肴…；然而，境況不但未見好轉，反而每

●專賣松露製品與地區酒的精品店。

況愈下，他用盡了最後一分存款，並數次向朋友借錢以繼續維持…。那十年來，他真正地體會到「痛苦」與面對空無一人的大廳時的「絕望」，當時的廚房只剩下一個向舊貨商買來的二手爐子…，無數個夜晚，當家人睡著後，他一個人抱著枕頭痛哭失聲。儘管如此，當他經過滿是人潮的餐廳門口時，他總是堅定地告訴自己：「總有一天我的餐廳也會有同樣多的客人…。」而不是酸溜溜地批評：「蠢貨！你們都不懂得欣賞。」十二年後的今天，布魯諾擁有三間客房、一間專賣松露製品與地區酒如Côteaux Varois，Ch. Miraval, Domaine Saint-Jean等的精品店，還有可容納一五○席的餐廳、附屬圖書館，並身兼摩納哥「羅伊飯店」(Hôtel Loews)的「松露」(La truffe)餐廳顧問…。

Ici s'arrête la réussite sociale Mais commence la réussite Humaine …
Bruno

●餐廳的靈魂。

●精品店外觀。

布魯諾成為該鎮活生生的雕像，如同路德(Lourdes)的洞穴般，成為吸引觀光客駐足停留的唯一理由。

乞丐王子料理哲學

在多明尼克的引領下，踏在花草、噴泉環繞的石階上，我一步步往名聲遠播的「布魯諾」餐館邁進，正當我將跨入迷人的布魯諾世界時，一塊石碑吸引了我的目光…「在這兒，一切社會的成功靜止，取而代之的，是人性成功的開始～布魯諾」。

布魯諾「慷慨、博愛、平等」的料理哲學早在開餐廳前即已誕生…。當時還是法學院學生的他，某晚與朋友第一次去《米其林》三星級的餐廳，坐在他們隔壁桌的是一對夫妻，從穿著、言行舉止看起來，並非來自夜夜笙歌的上流社會，而是為了慶祝結婚紀念日、生日或其他特別的事情，丈夫努力地賺錢，才得以帶妻子前來如此高

●露天的用餐環境。

級的餐廳。坐在離他們那桌不遠的客人，是口袋裝滿了鈔票的德國人，他們點了魚子醬、螯蝦及波爾多最名貴的Ch. Haut-Brion紅酒後，興高采烈地揮舞著雙手，無視旁人存在。從頭到尾看在眼裡的妻子，低著頭沉默不語，眼淚在眶裡打轉，耳邊仍響來一陣陣德國人振臂歡呼的聲音⋯。儘管丈夫省吃簡用地存了一筆錢，想讓妻子有一個快樂的晚餐，結果這一餐飯吃下來，結局卻完全相反。這一幕情景，在旁觀的布魯諾心靈裡，激起強烈的震撼，為了不要再看到這樣的悲劇，他當下發下重誓，這一生，若他開餐廳，無分社會階級，所有的人都是同樣的價格，享受同樣的服務。結果他首創包含前菜、主菜、甜點及稅金，僅三百法郎的單一菜單，取代了種類繁複的傳統式菜單，並且，無論是法國總理席哈克或修路工人，無論是富豪士紳或市井小民，只要是來到了「布魯諾」，一律平等。

我跨過象徵消弭社會階級的石階，隨之而來的是一大片種滿了法國梧桐及桑樹的花園。園內放置著一尊造型奇怪，乍看之下頗似知了或來自外星的昆蟲女神像，後來才從布魯諾處得知，這些都是瑞士雕塑家玻里安(Pollian)放在他這兒展出的作品，表現大自然中男女交合共創天地的思想。頂著葡萄藤棚架的露天陽台裡滿是人群，上了年紀的老太太們，相偕來此聚餐敘舊，桌底下的竹籃子

●表現大自然中男女交合共創天地的雕塑作品。

裡，一隻可愛的小狗，頭頂著竹蓋，露出頑皮的眼睛，好奇地盯著周遭的人事⋯；另一桌為三代同堂，兩位害羞的年輕人，正在家人期盼的眼神下，慢慢地靠近⋯。角落的那對老夫婦，只顧深情地拉著彼此的手，深怕一鬆手，就得再等好幾個世紀才能再相遇⋯。聞著花草樹香，在燦爛陽光綠色大地間，享受豐盛的松露美食的普羅旺斯人，快樂悠閒的天性在飯桌上一覽無疑。突然

●「布魯諾」餐廳廚師合影，左一為二廚多明尼克‧梭納。

間，喧鬧的群眾頃刻間安靜下來。體重達一三○多公斤、身高一九六公分的巨人出現在門口…。小孩子興奮地尖叫著：「傑克豌豆叔叔！傑克豌豆叔叔來了…！」

多才多藝的「傑克豌豆叔叔」

這位「傑克豌豆叔叔」不是別人，正是布魯諾。他如莎劇中的演員般，以震耳欲聾的聲音，宣佈今天中午的菜單…。多才多藝的他，不但是主廚，還兼任踢踏舞者、歌手、演員、作家與廣播人。他與本世紀最著名的法國男歌手李查‧安東尼(Richard Antony)的友誼，至今仍為布魯諾津津樂道，兩人還一起抱著銅松露合照…。

布魯諾的演出，在觀眾的掌聲中落幕。一如往常地，對初次見面的我，布魯諾以非常戲劇化的聲音宣稱：「妳知道我是誰嗎？我是『松露國王』—克萊蒙‧布魯諾！每年，我花費三

至四百萬法郎的預算，買三千公斤以上的松露，其中，約有二百公斤黑松露，包括了最高級的『佩里戈爾松露』(Tuber melanosporum)及次級的Tuber brumale；此外，還使用一千公斤的『夏季白松露』(Tuber aestivum)及帶有大蒜、紅蔥頭及乳酪味，義大利皮耶蒙特(Piémont)所產的白松露Tuber magnatum。每天，我使用大約十公斤的松露。…」。說罷！他突然匆忙地對我說：「我有點事要辦，妳先等我，我一會兒就回來！」結果，他一去就不回頭，我等了約十分鐘左右，想法國佬的毛病大概又犯了，八成去…，我立刻起身往廚房裏衝去…。果然，布魯諾站在堆積如山的食物後面大吃大喝起來，他看到一臉飢色的我，趕緊讓出一點空間…，我也很不客氣撕下一

●木雕聖母像後的鏡子，將天窗透下來的陽光投射在牆上的繪畫。

大塊麵包，學著他淋上橄欖油，再撒上少許來自Guérand的海鹽，作法簡易、吃起來又可口；我們還一起嚼了義大利式的蔬菜冷盤─以

●兩位望著甜點拼盤的小女孩，簇擁著如君王一樣的父親─布魯諾。　　　　●布魯諾的開放廚房，內部貼滿了漂亮非凡的磁磚。

橄欖油加糖鹽醃製的番茄、青椒、茄子。此外，多明尼克還端來一杯粉紅酒給我下菜，我吃得簡直不亦樂乎，根本忘掉布魯諾了…，結果，再一次，他又趁我不注意的時候一股煙兒地溜走了…。只不過，這次，我沒時間追他。

吃飽後極想活動筋骨的我，在餐廳裡探險…。我來到氣氛詭異的一間大廳，古樸的壁爐上，擺放著一尊木雕聖母像，雕像後的鏡子將天窗透下來的陽光，投射在牆上的繪畫，畫裡盡是蔬果、山豬、鹿、羊等野味，道盡了布魯諾的料理人生。喜歡足球、打獵、美食的布魯諾，最初的料理經驗竟是為他的足球隊員烹飪。和三兩好友，將從法(Var)山丘上採摘下來的香菇、松露、野菜等，以橄欖油加味；並將捕獲的魚、獵物，以老奶奶傳授的方法：用酒洗過魚肉，再以燒烤方式處理。另一旁畫著兩位望著甜點拼盤的小女孩，簇擁著如君王一樣的父親─布魯諾，他正舉杯邀請大伙兒一塊參與盛宴。這畫中最挑動我心弦的不是如霸主般的布魯諾，而是小女孩的眼神─左邊的那一個臉上似乎掛著滿足的微笑，另外一個似乎很失望，好像知道吃不到甜點似的。

幸福最高宗旨

「畫中的小女孩是我女兒，已經長成亭亭玉立的女人了！」布魯諾不知道什麼時候，已經悄悄地出現在我身後。我回頭望著他，他的眼神竟

出現與畫中小女孩相同的悲傷…。「您女兒會繼承衣鉢嗎？」。他搖搖頭說：「廚師這行不是『工作』，是『使命』，必須血液裏流著這個慾望才可能，否則也是枉然！」。那一瞬間我了解到，布魯諾三個字，也終將變成歷史的一頁記憶…。

我隨著布魯諾參觀他的開放廚房。「在冬季客人多的時候，廚房外也會擺設二、三張桌子。」內部貼滿了漂亮非凡的磁磚，並擺設了各式各樣銅鍋子的廚房，是我至今見過的最具有個人特色的；就連糕餅師傅身後的櫃子都擺滿了奇奇怪怪的收藏品。我當下決定在廚房邊用餐…。

望著侍者們來來往往的身影，廚師們矯健俐落的身手，心中不覺充滿幸福感。看到那麼多人，為

177

●附屬圖書館。

了做出一餐豐盛美味的餐點而就兢業業努力以
赴，此刻的我，終於明瞭，為什麼大風雪的那個
夜晚沒有一人缺席…。

一生暗戀松露的布魯諾，早自孩提時代就開
始了…。當時，他的祖母瑪麗葉及母親歐德特
(Odette)，無論在外怎樣地辛苦，回到家裡，仍
會盡心盡力地為他準備飯菜，祖母最喜歡使用產
在距此約二十公里的法(Var)山丘上的夏季聖珍
(Saint-Jean)松露為材料，加上新鮮蔬菜及老家義
大利產的橄欖油、海鹽，即成為一道珍饌。自小
即患有氣喘，二個月大的時候，父親就棄他而去
的布魯諾，全由祖母及母親帶大，每個月為了攢
三五○法郎的法學院學費，倆人省吃簡用。看到
這樣情形的布魯諾，決定輟學，希望早日經濟獨
立以幫助她倆。從未學過料理的他，在這樣的情
況下，只憑著一股熱情就踏上這條坎坷光榮路。
但對我而言，喜歡吃，並將他人的幸福奉為人生
最高宗旨的布魯諾，是我心目中理想的料理人。
想要反哺報恩的布魯諾，對料理的記憶是祖母及

●「松露奶油汁佐馬鈴薯夏季聖珍松露」。

●「草莓馬鞭草香精凍」。

●光看到就想吃的「杏桃奶油烘餅配杏桃冰淇淋」。

母親倆人料理的味道,因此,他的料理總帶著一股濃濃的鄉愁味,同時,又非常地慷慨熱情、簡單真實;最特別地是,他的料理散發一股自發性的特質,好比渾然天成似地…。

例如這道「松露奶油汁佐馬鈴薯夏季聖珍松露」(Pomme de terre de Noir Moutiers au robe des champs crème de truffe et truffe de Saint-Jean d'été),是以Noir Moutiers產的馬鈴薯配合香濃地化不開的松露奶油汁,及略帶新鮮巴黎香菇味的

夏季聖珍松露薄片,臨食用前,淋上少許橄欖油、撒點海鹽,再搭配一瓶純粹中卻帶著許多個性的 Ch. de Rasque白酒,嗯…。至於布魯諾的甜點,更是不在話下。無論是清香的「草莓馬鞭草香精凍」(Fraises à la gelée de verveine)或光看到就想吃的「杏桃奶油烘餅配杏桃冰淇淋」(Galette briochée aux abricots et son sorbet),都簡單得讓我難以相信它的美味。

一手創造料理童話王國的布魯諾,如今正著手為他的下一個目標─童話故事而絞盡腦汁,雖然寫得是童話,傳達地卻是大人的思想…。藉由料理,完成真實、想像與象徵三部曲的布魯諾,與亞倫・杜卡斯相約,將於二十世紀末前,為最後一座歷史遺產─「修道院驛站」(Le Relais de l'Abbaye)注入一點「料理」春光,我期待著那一刻的來臨…。

海娜・撒慕 *Reine Sammut*

Une femme cuisinière
en Méditerranée c'est d'abord
un acte d'amour, faire plaisir
à ceux qu'on ... protéger son clan.
Ma cuisine est une cuisine
du cœur, d'intégration, de
tolérance et de convivialité

27.07.98

身為一位地中海的女廚師。料理，首先是她愛的行為，並與他人分享，保護她的氏族。

我的料理是發自內心、融合各族群、包容與共享歡愉的料理。

～海娜・撒慕

●在黑壓壓男性中，一顆顯眼的小黑點，正是以抒情、感性的「母親料理」，溫暖無數異鄉人心的女廚師─海娜·撒慕。

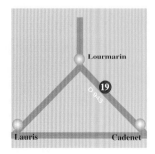

乾稻草小旅館(Auberge la Fenière)。
《米其林》＊
《GaultMillau》17/20
地址：9, rue du Grand-Pre 84160 Lourmarin
電話：04 90 68 11 79
傳真：04 90 68 18 60
套餐（Menu）：190～490法郎
單點組合（Carte）：460法郎
週一、1月6日～31日休息
14席

「乾稻草小旅館」外觀。

一向對外倡導自由、平等、博愛的法國，在兩性問題上一直未獲得真正的自由、平等，直到一九六八年的巴黎學生運動爆發，才鬆動了法國沙文「豬」義的根基。然而，積「糞」已深的法國料理界，一直以來，被視為只屬於男人的天下。相對於保守的法國，美國料理界中，美食餐廳女性主廚的人數不斷增加，遠遠超過僅有兩位女性主廚的法國。這兩位法國女主廚不是別人，正是在巴黎香榭麗舍大道上「露朵央」(Ledoyen)餐廳掌廚，赫赫有名，素有「鐵娘子」之稱的紀絲藍・阿拉比雅(Ghislaine Arabian)；另一位曾於幾年前，參加南法地中海料理二十位名廚餐會，其中知名大廚如喬埃爾・霍布匈(Joël Robuchon)、布魯諾(Bruno)等，也都應邀參與盛會，最後並於古堡外集聚一堂拍照留念，在身穿黑西裝、打領帶的黑壓壓人群中，一顆顯眼的小黑點，正是以抒情、感性的「母親料理」，溫暖無數異鄉人心的女廚師—海娜・撒慕。

男性掛帥的法國料理界中，媒體推崇的永遠是主廚，卻忘記與他們一同走過艱苦奮鬥歲月的糟糠妻，儘管妻子總是默默在等待他們熬出頭。然而一旦成名，他們為名酒、名人社交宴，如雪

「乾稻草小旅館」餐廳的菜單。

●頭戴流浪小乞兒帽的海娜‧撒慕。

片般飛來的媒體報導、顧客的讚美搞得暈頭轉向，根本忘了自己是誰？而功不可沒的妻子，卻被摒棄在家中，每天照顧大廳的花束，做些聊勝於無的事，或花錢買名牌衣服，期望一起拍照時，自己能與出名的丈夫相配…；然而，大多數的事實是，倆人距離愈來愈遠，廚界多怨偶…。海娜‧撒慕夫婦又是如何呢？

拒做「第二性」的料理人

懷著強烈的好奇心，我決定南下普羅旺斯，拜訪這位傳奇女性…。

在普羅旺斯炎炎夏日裏開車開得暈頭轉向的我，原本與海娜‧撒慕的約會為上午，結果在如迷宮的群山峻嶺間足足繞了個把個鐘頭，最後好不容易瞥見「魯馬漢」地名指標時，已是下午。飢腸轆轆的我，開著沒冷氣的老爺車，繼續奮力地朝目標邁進，當抵達「乾稻草小旅館」（Auberge la Fenière）門口時，太陽已經快下山…。我飛快地抓起攝影器材往花園裡衝，想把握太陽下山前最後一道光線，拍幾張外景，然而，

●海娜‧撒慕與先生紀伊。

一位頭戴湯姆歷險記中的哈克帽，手裏抓著水管，打著赤膊的彪形大漢攔住我…。

我心想：他大概是中了彼德‧梅爾的毒，跑來普羅旺斯尋找比加州更燦爛的陽光的天體營會員；或嘗試裝下一卡車美食的美國大胃王；或是來自義大利的無聊男子？…深怕一糾纏下去，就連半張照片也拍不到了…，情急之下，猛地回頭、義正嚴詞地說：「我是來找海娜‧撒慕女士？」他一聽，更積極地跟著我，我沒好氣地，安置攝影器材，選好角度，準備拍照時，他突然又跳到鏡頭面前，手裏還抓著那條澆花的水管說：「何不拍我？」我仔細端詳眼前這位Hot先生，皮膚黝黑，但長相英俊，可惜患了法國人二十五歲以上即有的額頭微禿症，我說：「好吧？就一張。拍完，我得做正事了…。」他很頑皮地眨眨眼回答：「好，我先去找我太太海娜‧撒慕…。」說完留下發愣的我，逕自離開。

不一會兒功夫，頭戴流浪小乞兒帽的海娜‧撒慕迎面走來，她一手提著一大籃剛從後花園採來的新鮮蔬果，嘴裡吃著剛採來的番茄，活潑的

眼神中，透露出慧黠與毅力，燦爛如陽光般的微笑，一下子為疲憊不堪的我注入一股活力，我想，就算植物看到她，都會被她和照亮麗的微笑給征服吧！她很親切地邀請我一塊喝杯咖啡…。

海娜‧撒慕的先生紀伊，這回穿上了黑色西裝，坐在她身旁，始終以關心的眼神望著妻子，似乎擔心她太勞累…。海娜‧撒慕則始終如一，臉上掛著溫暖的笑容，很沉靜地望著

丈夫…。突然間，這對夫妻似乎達成了「無言的協議」。紀伊表情非常嚴肅地說：「我是『主廚』的先生！」我忍不住大笑起來，眼淚都流下來了，邊擦拭著眼淚，邊強忍住笑意…他卻一本正經地重覆這句話：「真的！我以身為『主廚』的先生為榮。我的祖先來自北非突尼斯，之後輾轉來到義大利西西里

●佔地約十五公頃的「乾稻草小旅館」。

島，最後到了地中海上，一個名不見經傳的小島馬爾他島(Malte)，當時島上僅一百七十人。…傳統的地中海料理概念與今日的概念不同，今天我

們一提到地中海料理，就會以為是『橄欖油料理』，其實，所謂的地中海料理是從女性開始，也就是所謂的『母親料理』。是母親們為了保護族群，並與其他的族群分享愛與歡樂而做出的料理。女性，一直以來，就在地中海區域的社會中扮演主角，智慧、敏感度及感情上皆凌駕過男性的她們，如今，卻被以男性為主的社會，刻意地忽略。我們避免觸及兩性不平等的問題…。」感情豐沛的紀依講到這兒，雙手激動地顫抖，臉上流露著痛苦的表情…。

望著眼前這對結褵二十年的夫妻，完全一反我對廚界夫唱婦隨的看法，反而是「成功的女人背後，都有位偉大的男人」。至今仍深愛不渝的他倆，不時深情地望著彼此。…個性外向、喜歡表演藝術工作的紀伊，相對於隱身在火爐後、埋首料理工作的妻子，他更喜歡「暴露」在人群面前；身為旅館膳食總管的他，日復一日、不厭其煩地向來餐廳的客人解釋她的料理哲學，成為沉默寡言的海娜‧撒慕的最佳代言人。在經濟不景氣、移民問題特別嚴重的地中海地區，倡導「種族主義」、趕走「外國人」等謬論的法國極右派逐漸抬頭時，紀伊及海娜‧撒慕卻努力地以帶有異國風情的「料理」來征服不同民族，達到民族融合、和平共存的願望。

隻手撐起「乾稻草」

這對在志趣與工作上相輔相成的夫妻，他倆的相戀也有如一則美麗的傳說…。當時她為馬賽醫學院四年級的高材生，紀伊則是搖滾吉他手，海娜‧撒慕為了共譜同樣的心情故事，努力以赴學打鼓。當時紀伊的雙親經營一家名為「乾稻草」

●燉醋泡大蒜農家乳鴿配辛香杏仁Camargue紅米。

的小型餐館，原本對料理世界全然陌生，連吃飯都只挑大學學生餐廳的她，首度接觸料理的世界。一九七五年婚後，爲了不要讓丈夫心中留下憾恨，她放棄了醫生的工作，專心地與婆婆學習料理，一手肩負起夫家的家庭事業；一九八○年，她將經營利潤用來整修內部，但一直沿用「乾稻草」的店名。她的料理贏得愈來愈多口碑，事業也日益走上軌道，一九八八年三月，鄰居要出讓店面，海娜‧撒慕立刻將店面頂下來，擴大了餐廳的規模，隨著她料理技藝的精進，餐廳料理風格也從「小酒吧」(bistrot)的家庭料理風，逐漸地走向精緻美食路線…。

她雖然從未跟隨任何「德高望重」的大師學過任何「名門正派」的料理，卻在競爭激烈的法國料理界展露頭角。她大膽地在菜單上公開標示靈感或技巧出處：如來自西西里島、義大利、以色列、克羅地亞共和國、馬爾他島等其他地區國家。而對當今保守的法國料理界，當眾多名廚主張僅使用道地的法國素材，做出眞正的「純」法國料理—「鄉土料理」(cuisine de terroir)時，她

卻一反時代潮流，主張「包容」、「民族融合」、「愛與分享」、「保護族群」的「母親料理」。一九九四年《GaultMillau》給與她17/20的高分評價；《Champérard》也給與最高讚美；一九九五年，《米其林》爲她錦上添花，給與一顆星賞。自此以後，知名度大大提昇。然而，海娜‧撒慕其間所付出的努力，卻是日以繼夜地在廚房與家庭間來回奔波。她清楚地記得，當一九七五年，她的大女兒誕生後，爲了身兼母親與主廚，她請褓姆代爲照顧，三年後，二女兒出生，其間，她總共換了二十二位褓母！等到二位女兒上學以後，每天下午三至四時，午餐時間一結束，她連換下廚師服的時間都沒有，

又匆匆忙忙地回隔壁家中，陪伴女兒做功課，六點匆忙地吃過晚餐，又回到餐館開始晚間的工作，直到凌晨二點才回家。如今，兩個女兒都長大了，她才能專心一意地發展事業。

首先她遷移擴大「乾稻草」，到距離魯瑪漢約二公里的山上，並改名爲「乾稻草小旅館」。佔地約十五公頃的「乾稻草小旅館」，料理走精緻路線，一九九七年夏天剛完成遷移，至今仍爲了處理各種大小問題，忙得不可開交。一九九六年六月，她在阿維儂(Avignon)走家庭料理風的

●餐廳內部以明亮的紅、黃為主色，顯得相當熱鬧。

「小酒吧」(bistrot)—「藝術修道院」(Le Cloître des Arts) 開張。裝潢上採用大膽明亮的紅、橘、紫、綠色，流露出一股異國情調，消費群以學生為主，因而定價在一百法郎內。

　　身為女人，我深刻感受到撒慕身兼女人、妻子、母親與主廚多元角色的不易…。若沒有與紀伊的一段邂逅，她還是醫大學生，也根本不會走上艱辛但多采多姿的料理人生涯，想來命運的安排真是難以預測。

　　今年剛從古巴旅行回來的撒慕，汲取當地料理的靈感，創作了這道「古巴的椰子咖哩雞」，我望著廚房中的海娜‧撒慕，一會兒監督大夥兒的工作成績，當不盡理想時，她臉上的笑容瞬間收回，變成嚴厲的主廚；一會兒

●「脆肥肉片及濃味夏季蔬菜燴配雙粒小麥義大利式烙麵」。

又成了虎臂熊腰的女大力士，獨力搬移笨重的湯鍋；一會兒又以小孩玩耍的心情，趣味盎然地看著鍋中的變化：先將切片洋蔥混合菜油下去炒後撈起，再將大塊的雞肉倒入鍋中，微煎兩面後，以鐵夾子翻動鍋中的雞塊，再加入咖哩粉及椰奶。忙得不可開交的她，喘口氣對我說：「這個週末為了慶祝開幕一週年，我們特別舉辦了一個盛況空前的party，到時會有五百人參加，我現在正在試做那天的菜。屆時還會有搖滾音樂演出！」天啊！五百人的餐會。當今日的法國大廚大多遠離庖廚，為了社交、擴充業務及應付媒體而奔波，撒慕卻情願捨棄繁華的花花世界，專心一致地在料理工作上求得更多元化發展的可能。雖然媒體的報導提高了她的知名度，然而，她

● 「Parmesan乾酪紫色朝鮮薊配芫荽番茄泥」。　　　　　　　　　● 「煎茄子甜椒糖醃番茄配橄欖油沙丁魚」。

卻不為了取悅媒體而改變料理方向，諸如當今法國料理僅使用高級名貴的材料如螯蝦、魚子醬、佩里戈爾松露等以滿足食客的虛榮心，以相同的料理手法來呈現食材等千篇一律…；而是以平實的素材來表現出它們內在所蘊涵的無限價值。此外，她並不為了取悅慕《米其林》之名前來的顧客，刻意調整料理的方式，而是幫助顧客發掘出新的味道、新的料理方向。她回憶起有一次：「一位帶著《米其林》美食寶典的顧客前來用餐，吃完後，他不顧他人地大聲抱怨：『這是什麼料理，根本是亂搞一通！《米其林》簡直是胡說八道！』當時，我只記得我很有禮貌地請這位客人帶著他的《米其林》滾蛋！《米其林》雖然為我帶來了客人，卻也帶給我無謂的困擾。」。

普羅旺斯的母親精神

　　不算有特色的「乾稻草小旅館」的餐廳內部，以明亮的紅、黃為主色，顯得相當熱鬧。牆壁上的畫則全為灰藍暗色系的抽象畫，與熱鬧的大廳氣氛形成強烈的對比；桌上的小陶花瓶與燭台，也並非出自名家的作品；接待人員大多是年輕人，也不是個個高挺英俊或貌美如花，櫃台小姐為雙腿行動不便的女秘書。雖然同為精緻美食

餐廳，但是在這兒卻多了一股隨和與人性。

　　我挑了兩份「品嚐套餐」(Menu dégustation)，每道菜都是其來有自。闔上菜單，我靜靜地等待一次周遊列國的美食巡禮。

　　前菜為來自義大利 Latium料理的「Parmesan乾酪紫色朝鮮薊配芫荽番茄泥」(Tartare de tomates à la coriandre et petits violets au parmesan)，父親務農的撒慕，血液裡流著農家子弟無論走到那兒，都帶著根的特性，以自家果園中的朝鮮薊及番茄做成的冷

● 「烤香料脆皮鯛佐蔬菜塞蛋肉及藏紅花味細小米

盤，配上帶著特殊香味的橄欖油及老醋，是非常田園風味的料理。另一道我個人非常欣賞的「煎茄子甜椒糖醃番茄配橄欖油沙丁魚」(Pressé d'aubergines frites, poivrons et tomates confites, filets de sardines à l'huile d'olive)，是以極新鮮的沙丁魚再配上略帶碘味的橄欖油，加上突尼斯式的堆疊煎蔬菜層，口味酸甜，配上芝麻麵包或以「似雙粒小麥」，這種小麥老祖宗做成的麵包，是非常鄉土的料理；至於以佛庫斯(Vaucluse)省產的夏季白松露配上義大利圓粒米risotto做成的「白松露米粥」(Risotto aux truffes blanches)，是

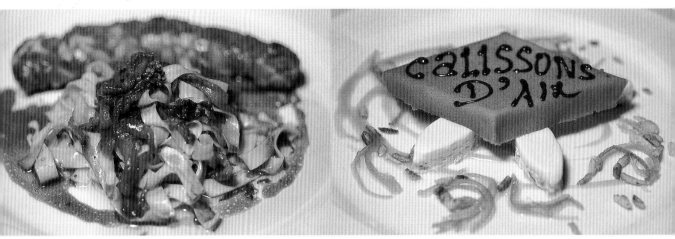

● 「泡橄欖油小兔背脊肉佐茄子麵」。　　　　　● 「苦杏仁杏桃醬佐亞克斯杏仁甜糕冰淇淋」。

吃過後，讓我的心都溫暖起來的料理。

　　原籍阿爾薩斯的她，懷著往日對母親、叔母與婆婆日常料理的回憶，融入自身的體驗，再加上敢於向新的、未知的味覺挑戰的精神，一點一滴地累積味覺經驗，苦苦思索豐富傳統美食味道的可能。除此之外，為了不讓自己的料理成為矯揉造作的料理，她希望呈現出樸實無華的鄉土風格，是以日復一日、不斷地實驗，在挫敗中學習，終於成功地做出充滿感性與回憶的「脆肥肉片及濃味夏季蔬荣燴配雙粒小麥義大利式烙麵」(Gnocchi à la farine d'épeautre et ragoût et légumes d'été au lard croustillant)。為了「愛」，而成為廚師的她，希望藉由料理，幫紀伊找回他的根及他母親料理的味道，特地創作了以突尼斯猶太人的料理為靈感源頭的「烤香料脆皮鯛佐蔬荣塞蛋肉及藏紅花味細小米」(Pageot rôti à la peau épicée, légumes farcis et fine semoule de blé safranée)，是口感非常豐富的傑作。至於這道口味特別、材料也很特別的「燉醋泡大蒜

農家乳鴿配辛香杏仁Camargue紅米」(Pigeonneau fermier en cocotte à l'ail confit, riz rouge de Camargue aux amandes, jus épicé)，紅米搭配杏仁，吃起來不但香，而且分外有嚼勁。另一道「泡橄欖油小兔背脊肉佐茄子麵」(Râble de lapereau confit à l'huile d'olive, nouilles fraîches aux aubergines)是混合了南斯拉夫克羅地亞共和國粗獷氣息的料理。

　　繞了世界大半圈，最後，撒慕以這道普羅旺斯代表性甜點「苦杏仁杏桃醬佐亞克斯杏仁甜糕冰淇淋」(Calissons glacés, coulis d'abricots à l'amande amère)為餐會畫上完美的句點，並期望我永遠記得普羅旺斯人的熱情好客，如家庭般的溫馨氣氛，及撒慕豐盛美味的媽媽料理。

● 海娜・撒慕彷彿女大力士，獨力搬移笨重的湯鍋。

羅倫和傑克‧布賽爾

Laurent Pourcel & Jacques Pourcel

神聖的快樂、感官的魔術，

喜悅與分享，是「感官」給予生命意義。

～羅倫與傑克

●由「感官花園」室內遠眺。

感官花園 (Le Jardin des Sens)
《米其林》＊＊＊
《GaultMillau》18/20
地址：11, av. St-Lazare Montpellier
電話：04 67 79 63 38
傳真：04 67 72 13 05
套餐（Menu）：商業午餐230法郎，340～550法郎
單點組合（Carte）：400～550法郎
週日休息
45席

●廚房內皆為年輕的工作夥伴。

　　我沿著蔚藍海岸(Côte d'Azur)國道，露夜開車而下，一路欣賞碧海藍天的風光，感受蘭格多克—魯西雍(Languedoc-Roussillon)區葡萄園遍佈群山的浩瀚景象，不覺間，天色已現出魚肚白，遠處地平線冉冉上昇的太陽，將整個天空烘托成橘紅一片；小黃花點綴的田野上，幾間白牆紅瓦房孤零零地座落其間；不遠處，閒散地吃著嫩草的幾隻牛羊，與在田野上飛奔而過的白馬形成動靜對比。這一切由大自然勾勒出的美景，只有在普羅旺斯，才有緣得見…。

　　約正午時分，我來到位於蘭格多克—魯西雍(Languedoc-Roussillon)區的蒙特利爾市(Montpellier)，此地原本為一人煙罕至的城市，除了偶爾會有一些電影外景隊來此拍攝，整個城市顯得非常寧靜。鎮上居民多為薪水階級，所得收入比起鄰近的城市，並不是很高，然而，一九八八年，卻因為一對孿生兄弟的到來，改變了一切…。

尋訪「祕密花園」

　　正所謂「英雄出少年」。十年前，這對年方二十四歲的孿生兄弟羅倫‧布賽爾及傑克‧布賽

●「感官花園」餐廳的菜單。

●極具現代感的傢俱及室內裝潢，擺脫了外表的沉悶印象。

爾，與二十一歲的膳食總管奧利佛‧夏東(Olivier Chateau)在法國景氣非常低迷的時期，向銀行貸款買下一棟離蒙特利爾市中心不遠的小房子及花園。他們以「感官花園」(Le Jardin des Sens)為餐廳名，來影射「料理」的藝術，不僅限於味覺的享受，同時還喚起聽覺、視覺、嗅覺、觸覺的感官感覺。為了同時喚起食客們不同的感官感覺，他們不但在料理上下工夫，還特別請設計師布魯諾‧玻利歐內(Bruno Borrione)設計了這座象徵五種感官的花園。

為了一探神秘的「感官花園」，我來到這棟外表看起來活像是加利福尼亞州立抽脂減肥醫院的建築物前，雖然怎麼看都不像傳說中的秘密花園，但我鼓起勇氣，踏入門檻…。極具現代感的傢俱及室內裝潢，擺脫了外表給我的沉悶印象。深紫色長背坐椅與淡紫色的絨布簾幕相互呼應，灰、紅兩色沙發圍繞著小巧的折疊式木製小茶几，使人置身此處，有著回家般的溫暖；而紅磚牆圖案的屏風，巧妙地使空間在戶外幻覺與室內寫實間自由穿梭；牆上嬌艷火紅的番茄繪畫，使得飢腸轆轆的我得以望梅止渴。然而這一切，仍不足以激起我感官上的解放，我集聚精神，穿越

酸甜香草梨炸馬鈴薯鴨肝脆球佐烤菜油沙拉
Les bonbons de foie gras de canard croustillants aux pommes de terre, aigre doux de poire à la vanille, salade à l'huile de colza grillés

香草橄欖油佐鴨腿蔬菜螯蝦肉捲配哈蜜瓜
Le pressé de homard et légumes au jambon de canard, melon de pays, huile d'olive marinée à la vanille

醬油拌槍烏賊塞海螯蝦尾巴及嫩筍瓜燜菜
Les petits encornets farcis d'une fine ratatouille aux queues de langoustines, jeunes courgettes, jus de leur cuisson relevé de soja

♠

苦可可肉汁佐咖哩內臟炒水蜜桃薄千層酥餅配烤鴿
Les filets de pigeons rôtis, pastilla de ces abats au curry, quartiers de pêches poêlés, jus de pigeon à l'amertume de cacao

藏紅花汁佐快烤箬鰨魚片及
炒新鮮杏仁火腿羅勒混馬鈴薯義式烙麵
Les filets de soles rôtis minute, poêlée de gnocchis de pommes de terre au basilic, amandes fraîches et jambon, jus légèrement safrané

♥

香草糖汁佐鳳梨覆盆子餃子配牛奶冰淇淋及黃油酥條
Les raviolis de framboises à l'ananas, sirop de vanille, lait entier glacé, croustillant de feuilletage

焦糖汁佐櫻桃烤甘草味香料蜜糖麵包及櫻桃冰淇淋
Les cerises cuites au pain d'épices et parfum de réglisse, crème légère caramélisée, sa glace

♦

酒

Coteaux du Languedoc, Minervis

●「苦可可肉汁佐咖哩內臟炒水蜜桃薄千層酥餅配烤鴿」。

隱藏在淡紫色絨布簾幕後的長廊，出現在眼前的，是我至今見過最奇怪的餐廳。這間乍看宛如飛機場大廳的圓形餐廳，周圍爲落地玻璃圍牆，透明的圍牆外是一片綠園；餐廳內找不到任何一張路易十五的椅子或銀製高腳燭台等精緻的物件，簡單地只剩牆壁上的一幅百花圖尚可稱爲裝潢。羅倫及傑克的「感官花園」，是一座經過高度精準設計的感官機器，在這兒，不出售任何廉價或簡單的感官驚喜！而是不斷地思索，料理與大膽創意相結合的可能，再經由嚴謹的技術實踐出來的過程。

英雄出少年

年輕充滿幹勁，帶著微笑的服務生，帶我穿過由黃白相間的馬格麗特裝飾的淡紫色大廳，來到傳說中的「感官花園」。首先映入眼簾的是讓人神清氣爽的噴水池，代表視覺上的喜悅；耳聞微風吹過油橄欖樹葉的颯颯聲，帶來無上的聽覺快樂；再聞著暖暖和風傳來的迷迭花香；滿園的果樹任君品嚐，帶給我味覺上的愉悅；而小片的葡萄園裡，正醞釀著奇蹟，吸引我忍不住去觸摸它…。這座感官殿堂，觸動著我的心靈，使得我

未「食」即陶醉在五感所營造的奇妙氛圍裏。

開幕僅三個月，即成爲此區最受歡迎的美食餐廳，在當時景氣低迷的法國餐飲界，被視爲「奇蹟」！當時，本地人流行一句話：「若你想要尋找『奇蹟』，就來『感官花園』吧！」不過，「感官花園」製造的奇蹟還不僅於此；原本死氣沉沉的小鎮，竟因這間口碑日隆的餐廳，成爲南下遊客必經的美食站，連帶推動了觀光事業，使得小鎮也不時舉辦各式的文化藝術活動以吸引觀光客。一九九八年最新出爐的《米其林》，更給予兩兄弟三顆星的最高料理人評價，成爲有史以來最年輕的三顆星得主。年僅三十

●餐廳內簡單地只剩牆壁上的一幅百花圖尚可稱為裝潢。

四歲的他們，形容當時的心情：「眞是如同做夢一般…，不知道有多少料理人夢寐以求三顆星的降臨，沒想到落到想都不敢想的我們身上…。」

十年前，占世界面積最大葡萄園的蘭格多克一魯西雍區，雖然早在西元前八世紀的希臘時代，就開始釀酒，並占有全法三分之一面積的葡萄園，出產達四〇％的葡萄酒；然而，給人的印

象多為生產「日常餐酒」(Vin de Table)及「地區葡萄酒」(Vin de pays)等平價酒為主。不過，在「好菜需要配上好酒」的期許下，兩兄弟不斷努力，直接刺激了製酒業者，使其在葡萄品種、種植技術與釀酒方式上求新求精；近五年來，蘭格多克─魯西雍區出產的葡萄酒，已成為法國酒界的話題，「感官花園」成為該區的葡萄酒櫥窗，羅倫及傑克就好比代言人般，不斷在酒單上引薦品質優良的新產品。

一九九六年，兩兄弟擴充餐廳為飯店，包含十四間客房及兩間豪華套房，使遠道而來的食客，免去長途奔波之苦，安逸地享受一個寧靜的假期。年輕的他們喜歡啓用年紀約二十三、二十四歲左右的年輕人，服務方式講求親切、隨和並有朝氣，讓所有的顧客都能輕鬆自在地用餐，沒有傳統餐廳給人參加教堂彌撒的感覺，也不會有畢恭畢敬的服務生環伺一旁的束縛感。除此之外，他們拒絕遵循傳統及當代法國料理中「美食」等同「價值連城的料理」的觀念，首先倡導以「價廉物美」的「真實美食」對抗時下的「昂貴美食」；以「民主美食」觀抗衡「菁英主義」與「附庸風雅」的美食潮流。

激起感官的魔法料理

得到《米其林》三星後，他們並不恃才而驕，沿襲其他餐廳的慣例提高三〇％售價，卻仍然維持套餐價格二三〇法郎，在當今的三星餐廳中，是極有個性的作法。當我在此處用餐時，還發現一個獨一無二的現象：五〇％以上的客人是本地人，其中大部分是年輕人，穿著打扮也非常輕鬆；相較於其他美食餐廳多為穿西裝打領帶、上了年紀的商人及政客，或大廳內宛如「聯合國」的現象，此處以合理的價格、真實的美味，吸引了渴望享受美食，但生活條件一般的市井小民。他們藉由大膽的創意，將簡單的食材化為神奇的美味佳肴，同時喚起食客不同感官的感覺。

例如讓我嘖嘖稱奇的前菜「酸甜香草梨炸馬鈴薯鴨肝脆球佐烤菜油沙拉」(Les bonbons de foie gras de canard croustillants aux pommes de terre, aigre doux de poire à la vanille, salade à l'huile de colza grillés)，單看外表，實在瞧不出端倪，當千篇一律地將「鵝肝」、「鴨肝」以冷盤肉凍切片的方式呈現時，將肥嫩新鮮的鴨肝飽沾馬鈴薯粉，再油炸成一顆顆小巧可愛的繡花球外形，是視覺上的突破。配上清爽可口的香草梨及清淡略帶自然苦味的菜油沙拉，融合了香草梨的甜與馬鈴薯鴨肝脆球的鹹，形成了味覺上的刺激；而

●創意十足的甜點。

●由左依次為「香草橄欖油佐鴨腿蔬菜螯蝦肉捲配哈蜜瓜」、「香草糖汁佐鳳梨覆盆子餃子配牛奶冰淇淋及黃油酥條」、「藏紅花汁佐快烤箬鰨魚片及炒新鮮杏仁火腿羅勒混馬鈴薯義式烙麵」。

香草梨與鴨肝的柔和觸感與油炸馬鈴薯皮所形成的酥脆感，又是觸覺上的對比；至於炸得吱吱喳喳、熱騰騰的香脆鴨肝球，一刀切下時的聽覺享受，宛如聽帕格尼尼小提琴曲般盪氣迴腸；入口即化的鴨肝，彌漫開的香濃，至今讓我陶醉⋯。至於視覺上無與倫比的「香草橄欖油佐鴨腿蔬菜螯蝦肉捲配哈蜜瓜」（Le pressé de homard et légumes au jambon de canard, melon de pays, huile d'olive marinée à la vanille），也是向味覺挑戰的極品。以往為了不破壞螯蝦的鮮美，通常僅以一種醬汁調味，這道卻大膽地使用完全不同的素材，做成爽口的螯蝦拼盤。另外一道匠心獨具的甜點「香草糖汁佐鳳梨覆盆子餃子配牛奶冰淇淋及黃油酥條」（Les raviolis de framboises à l'ananas, sirop de vanille, lait entier glacé, croustillant de feuiletage），是以水果為皮餡的餃子，足見兩人在創意與技術精確度上過人之處。以略帶苦味的可可汁融合肉汁的調醬來豐富烤鴿肉的滋味，再旁襯汲取自摩洛哥料理靈感的pastilla—以包著咖哩內臟及炒水蜜桃餡的薄千層酥餅搭配而成的「苦可可肉汁佐咖哩內臟炒水蜜桃薄千層酥餅配烤鴿」（Les filets de pigeons rôtis, pastilla de ces abats au curry, quartiers de pêches poêlés, jus de pigeon à l'amertume de cacao），堪稱為一道甜蜜中帶有粗獷原野味的料理。品嘗兩人的料理，對喜愛旅遊的我而言，是一場無休無止的美食冒險。生為孿生兄弟，兩人從小就有著孿生情結。當同學們出外找尋同伴時，他們只要留在家中，就有玩伴，但是連父母都分不清楚的孿生兄弟，同時

又渴望切斷兩人之間永恆的臍帶，因而彼此競爭；這種複雜的心理，導致兩人在出外學習料理的七年間，各自選擇了不同的料理環境及料理風格。個性內向、沉默寡言的羅倫跟隨擅於處理海鮮類素材的米謝爾‧布哈(Michel Bras)及表現大自然原味的亞倫‧夏貝爾(Alain Chapel)，專門學習肉料理、前菜及醬汁調製；而生性外向、喜好扮鬼臉的傑克，則拜在號稱「料理實驗師」的皮耶‧卡內(Pierre Gagnaire)門下，學習甜點與海鮮料理。七年對兄弟倆而言，好比十四個年頭，兩人一心如同四手料理人，正因為如此，縮短了成功的時間。此外，他們的心理上並未承受太多傳統的包袱，也懂得在學習時，擷取前輩的經驗，如當時在聖艾蒂安(Saint-Étienne)的皮耶‧卡內及拉及歐(Laguiole)的米謝爾‧布哈，他們五○％以上的客人來自外地，終於導致餐廳倒閉，為此，兄弟倆特別希望贏得當地住民為顧客基礎，而非捨近求遠捨本逐末。

當然，還有另外一個更重要的理由。在塔德‧布朗尼(Tod Browning)的電影—「怪物」(Freaks，一九三二)中，馬戲團為了招攬觀眾，集合了一群如侏儒、長鬍子的女人、連體女子、鳥頭人身的紳士等各式各樣不同一般「創造物」的「怪物」。人類總是對不同「一般」的人、事感到好奇，雖然來「感官花園」的顧客，剛開始都是為了來看他們孿生兄弟，但最後真正吸引顧客留下的，卻是他們充滿魔法的感官料理。

想尋找「奇蹟」嗎？就來「感官花園」吧！

Bretagne

所有布列塔尼的歷史，都由鍋中產生⋯⋯。

奧利佛・羅蘭杰 *Olivier Roellinger*

布列塔尼是一座海上花園及菜園，屬於在憤怒間哈哈大笑的上帝。

這個國家是讓人驚訝的旅者的故鄉，他們有著對大海做夢的眼睛。

他們總是為了更好而離開，但總會回到花崗岩的壁爐前…。

料理，是一種表達的方法。

在帶著鹽、碘味及香料的西風吹拂中，介於天與海之間神聖的快樂的表達。

～奧利佛・羅蘭杰

●料理人如同旅館主人，對所有的陌生人敞開大門，並給與疲憊的他們溫飽。

布里固爾之家(Les Maisons de Bricourt)
《米其林》＊＊
《GaultMillau》19/20
地址：1, rue du Guesclin, Cancale 35260
電話：02 99 89 64 74
傳真：02 99 89 88 47
套餐（Menu）：商業午餐250～420法郎
單點組合（Carte）：400～500法郎
12月15日～3月15日休息
70席

●而家喻戶曉的海盜羅伯‧蘇固，在聖馬羅建立起他的海上王國…。

早在西元前六世紀，克爾特人(Celt)即來到荒無人跡的布列塔尼，為此地命名為「阿爾摩」(Amor)，意謂「海的國度」。全島為灰色的花崗岩覆蓋，貧瘠荒蕪的土地上，幾乎寸草不生；再加上海潮瞬息萬變，平靜無波的海潮頃刻間堆疊成高峰，躲避不及的漁民往往因此喪命…。在這樣的地理環境下生存、世世代代與逆境搏鬥的布列塔尼人，一方面對大自然如石、海等的神秘力量崇拜又畏懼，另一方面擁有永不歇止地追逐夢想的心靈；他們多為天生的旅者，日日夜夜向著海岸彼端的大陸，憧憬著美好的未來…。

氣氛詭異神秘的布島，是天性喜歡幻想冒險的布人，創作神仙精靈、國王騎士冒險故事的最佳背景。著名的觀光景點聖米雪兒山(Mont St-Michel)的玻賽里翁(Brocéliande)森林，即為中世紀以來的傳奇人物：亞瑟王(Arthur)、圓桌武士、魔法師梅林(Merlin)的演出舞台。而家喻戶曉的海盜羅伯‧蘇固(Robert Surcouf，一七七三～一八二七)，更在聖馬羅(St-Malo)建立起他的

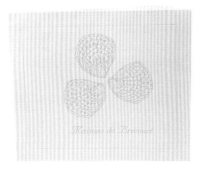

●「布里固爾之家」餐廳的菜單。

「戀愛小路」的入口位於小旅館「Rimains」旁。

海上王國…。

深深為大自然景觀與美麗傳說吸引的我，每隔一段時間都會回來重溫舊夢，這一次，還多了個理由…。

香料水手的故鄉

為了探訪這位料理界的傳奇人物奧利佛·羅蘭杰，我遠從法國南端的普羅旺斯露夜開車，第二天一早的清晨時分，我終於抵達了西北端的漁港宮卡爾(Cancale)。人口僅四千六百人，以生產「平生蠔」(huîtres plates)著名的宮卡爾，界於著名的觀光景點：聖米雪兒山與聖馬羅之間，自十七世紀以來，即為布列塔尼與亞洲貿易往來的中間站。

不覺中來到街角的咖啡館，聞著店內飄來的陣陣咖啡香，我決定先在咖啡館喝杯 Expresso提神，順道在隔壁糕餅店買個剛出爐的「煎奶油甜麵餅」當早餐…。

咖啡館裏坐的盡是當地漁夫，剛剛在港口卸

●熱情的布列塔尼水手。

下魚貨的他們，高聲談論著昨日魚市場的販賣情形及出海捕魚遇到的新鮮事⋯，從小在基隆港口長大的我，津津有味地聽著，思緒也跟著他們航行起來，直到漁夫們吻別了老闆娘，我才恍如大夢初醒，結束了海上之旅。看看錶還有時間，我決定先走走那一段羅曼蒂克的「戀愛小路」(le chemin des amoureux)⋯。

原名「羅茲豐小道」(Le chemin Roz-Von)的「戀愛小路」，入口就位於小旅館「Rimains」旁。吸引了無數作家來此尋找創作靈感的「羅茲豐小道」，是女作家考蕾特(Sidonie Gabrielle Colette，一八七三～一九五四)住在此地時，每天必經之路，她還曾以此地為背景，寫出《羅茲豐的小麥青苗》(Le Blé en herbe à Roz-Von)；詩人波特萊爾(Charles Baudelaire，一八二一～一八六七)也常來

●五花八門的非洲手工木盒內，裝滿色香味各異的各國香料。

此，沿著世人俗稱的「戀愛小徑」，夢想著下一次旅行的開始⋯。

踏著前人的足跡一路漫步過來⋯。晴空下的大海，從蔚藍到青綠色、從深灰到海軍藍或天青色、碧海藍天連成一線的視野真是美極了！沿岸陡峻的峭壁與聳立在海上的礁石以對角線連成一氣，圈著海中如綠豆點大的帆船，構成一幅塞尚(Paul Cézanne，一八三九～一九○六)的幾何風景畫。後來我從羅蘭杰處得知，他也常常來此地散步，尋找料理創作的絕佳靈感。

沿著小路回到「布里固爾之家」(Les Maisons de Bricourt)，這棟建於一七六○年，外觀看來平凡無奇的花崗岩房子，昔日為「東印度公司」的主人Hertant de Bricourt所有。他專門從亞洲輸入絲綢、瓷器、上等的木材及香料

●圓弧形的落地格子窗外，是一片翠綠。

等商品，從事東亞與歐陸之間的經貿往來。因為布里固爾為第一位大量自海外輸入異國香料的船長，因而被當時居民稱為「香料獵人」。

第一次世界大戰結束後，藥品非常缺乏，當時以盤尼西林治癒無數病患的赤腳醫生，被世人喚做「奇蹟醫生」，並讚揚他們的出現等同於「社會保險」。靠著盤尼西林發財致富，躋身布爾喬亞階級的羅蘭杰父母，成為這棟房子的新主人。自此以後，此地成了夜夜充滿賓客的社交場所⋯。

一踏進玄關，立即被桌下擺置的五花八門的非洲手工木盒吸引，我好奇地一一打開，原來裡面裝了色香味各異的各國香料。「為什麼在入口處放置了那麼多的香料？」，狐疑的我，暫捺住想解答的衝動，在侍者的邀請下來到面對花園的大廳。圓弧形的落地格子窗外，是一片翠綠、明亮柔和的日光，將整間小巧精緻的大廳一下子點亮。他直抱歉地對我說：「奧利佛・羅蘭杰先生

有點急事在處理，請您稍等，非常抱歉，不知您是否要先來杯咖啡呢？」。由侍者彬彬有禮的態度，就可想像出羅蘭杰為人處事的原則。我很放心地說：「喔！暫時不需要。不過不知是否可以先參觀你們的花園？」。

這間數度易主的屋子，唯一不曾改變的，就是這座清新脫俗的花園。花園池塘中，戲水的鴨群取代了昔日一艘艘紙做的海盜船⋯。奧利佛・羅蘭杰，此刻匆匆忙忙地出現在花園，他身穿胸口繡著三粒藍色平生蠔圖樣的廚師制服，是無論走到那兒都帶著大海的布列塔尼人⋯。我尾隨著羅蘭杰穿過充滿他兒時歡樂的房子，至今他仍完完整整地保留了當年的軌跡，同樣的壁爐與傢俱擺設。例如，一只上面畫著蜜蜂釘著一塊巧克力蛋糕不放的長方形餐盤，令我不由莞爾，看來，羅蘭杰小時候一定是個愛吃的男孩！走過發出嘎嘎響的樓梯，來到二樓的沙龍，在這兒，他遙望

著最後一位客人離開，並在此寫下兒時點點滴滴的回憶…。

烹調出童年記憶

「自我有記憶起，我的父母不是去參加宴會就是邀請朋友來這兒…飯廳及沙龍裡永遠充滿了客人。母親的手藝非常高明，常常親自下廚做出晚宴的所有菜餚。她有時忙不過來，就請女僕們幫忙準備螯蝦、烤羊肉等等…。而我總是和家中的僕人們一起用餐。有時，我躲在樓梯間，等待客人們離開…；大廳中喧騰熱鬧的氣氛、紳士們口中吞雲

吐霧的雪茄、手中搖晃著干邑酒杯的芳香，衣香鬢影的女子…深深吸引著我。十二歲那年，父母離異，我由母親帶大，而父親則搬去診所住，自此以後，為家中帶來歡樂的party頓然消失。為了維持龐大的家庭開銷，我決定成為工程師，並進入了一流的大學就讀，原本以為一生就如此過了，然而一件意外改變了我整個命運…。」羅蘭杰此時頓了頓，眼神飄落在面前牆上掛著的一幅幅老舊黑白照片，那段遙遠卻歷歷在目的記憶…：「二十歲的某晚，我和朋友約在聖馬羅見面，在前往的路上，一位酒醉的暴徒以

椰頭襲擊我，結果我全身上下嚴重骨折，一個禮拜昏迷不醒，當時醫生對我母親說我可能終身半身不遂…；然而，我終於克服了恐懼，從輪椅上站起來！二年後，我回到學校，長時間冰冷而枯燥無味的學習再也引不起我任何興趣，我渴望真正『活過』，想與他人接觸、分享愛與喜悅。我問自己：『我人生的意義到底在哪兒？』我明白必須使家園重現往日的歡樂…。」。

若不是因為這件令人聽來毛骨悚然的意外事件，羅蘭杰的一生將會截然不同，人生有時逆境未必就不是轉機？！

脫下了學生制服，換上了廚師服的他，在親友的面前立下志願：「三年後，我要保羅‧包庫斯來我這兒吃飯！」。他先在廚藝學校待了一年，然後在傑哈‧菲耶(Gérard Vié)處當學徒，之後升為專司燒烤及醬汁調製的廚師，接著在巴黎的名廚古依‧薩瓦(Guy Savoy)及易弗‧土利耶(Yves Turiez)處實習。他拚命地學習，一遍又一遍研讀和料理有關的書，那時，他窮得連零用錢都沒有，但卻是他一生中最快樂的日子…。

為了迎接更大的挑戰，也為了證明自己的能力。他接受了波士頓的工作，統率二十五位伙伴，一年內，不但為這間餐廳贏得《New York Times》雜誌二顆星評價，還獲得波士頓最佳餐廳的封號。正當他在美國事業發展得飛黃騰達之際，他卻選擇關閉波士頓的餐館，回到故鄉。

●「八人團」廚師群像,自左起馬克・菲哈（Marc Veyrat）、奧利佛・羅蘭杰（Olivier Roellinger）、米謝爾・布哈（Michel Bras）、尚-米謝爾・羅漢（Jean Michel Lorain）、米謝爾・托格侯（Michel Troisgros）、亞倫・巴薩德(Alain Passard)、賈克・契布瓦(Jacques Chibois)、皮耶・卡内(Pierre Gagnaire)。圖片提供／Richard Baltauss

　　二十四歲那年,他回到久別的家,開始著手他一生的最重要計劃─重尋兒時歡樂。這位字字珠璣的料理人,如同詩人般,以整個靈魂燃燒的熱情,來描述他的職業:「兒時的記憶推動我成為料理人。這記憶一方面有冒險,另一方面帶著懷舊、深層的羅曼蒂克主義、一分傷感,及對大海永世的沉思…。料理人如同旅館主人,對所有的陌生人敞開大門,並給與疲憊的他們溫飽。對我個人而言:『身體是心靈的家。』為了獲得最好的,我們應該給與品質最好、最新鮮的食物;充滿愛與純真的料理,賜給我們體力與身心的平衡,使得我們能對抗外來的疾病與侵略。」

　　開張不久,第一位遇到的「間諜」,不是他曾誇下海口的保羅・包庫斯,而是赫赫有名的《GaultMillau》美食評鑑的發起人之一,克里斯汀・米羅(Christian Millau)。一九九四年的《GaultMillau》以「年輕的俊材」稱呼他,並讚賞他為該年度最佳廚師,20分的滿分中,他居然一口氣拿下19.5分。究竟克里斯汀・米羅來的那晚發生了什麼事,讓他立刻被這位年僅二十四歲的料理人折服?我好奇地問羅蘭杰,他很得意地說:「他在我這兒停留了三天,總共吃了八十五

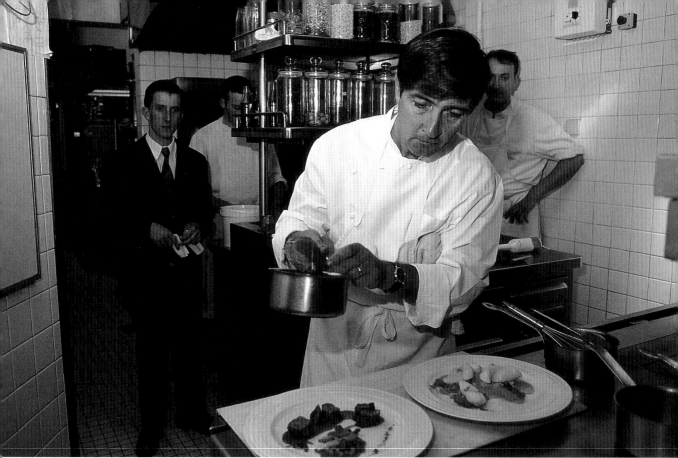

●擅於運用各式香料，創造複雜細膩口感的羅蘭杰。

道料理。其中還有些是菜單上沒有列出來的。除此之外，他與我交換了很多有關我料理訊息及價格方面的意見…。」我聽完不勝羨慕，真希望也能住上三天，嚐試他的芭比盛宴…。

　　這位矢志要法國料理界教皇─保羅‧包庫斯前來吃他所做料理的願望，不久即達成；現在，包庫斯還成為他座上常客。然而，血液中流著布島子孫，世世代代追求更好的可能，渴望征服永不歇止夢想的羅蘭杰，不僅要做出「最好吃」的料理，還希望為從未曾有過歷史的布島料理，開創無限的

●「從印度回來的St-Pierre魚」。

未來…。他特地與亞倫‧巴薩德(Alain Passard)、米謝爾‧托格侯(Michel Troisgros)、皮耶‧卡內(Pierre Gagnaire)等八人，組成了「八人團」(Le Groupe des Huit)，倡導開放的世界料理觀，抗衡固步自封的法國料理觀。

　　雖然現在當我們一提起布島料理就會想起海鮮，實際上，在基督教尚未在該島普及前，崇拜大自然精靈的布島居民，認為大海是聖潔的地方，寧願餓死，也絕對不吃海裡來的食物。布島人第一次吃奶油檸檬烤螯蝦，還是近一個半世紀前才開始的事，並且是由巴黎人傳入吃食的方法…。此外，認為乳酪是腐敗的奶油的當地居民，對乳酪更是排斥。

無語言的情感溝通

　　為了豐富布人的飲食文化，羅蘭杰將乳酪種類由原先的五種增加至三十五種口味，並且到聖保羅博物館尋找布島失傳的傳統食譜，將其改良成適合現代人口味的荣餚。如這道已經被無數人抄襲的十八世紀「從印度回來的St-Pierre魚」(Saint-pierre "retour des Indes")，是羅蘭杰向十八世紀波旁王朝時代，叱吒於印度洋、模里斯島(Maurice)及留尼旺島(Réunion)的統治者─馬黑(Mahé)致敬的作品。包含了香草、八角茴香、苦

●廚房內充滿各種香料、自製醬汁等五顏六色的瓶瓶罐罐。

●精緻、可愛,構圖簡單乾淨的開胃菜。

柳橙皮、百合花瓣、丁子香花蕾等十四種香料的佐料,與鮮嫩多汁的Saint-Pierre魚片混合,燃燒著一股誘人的香甜苦辣兼具的異國情調;吃時,口中撞擊激發起難以忘懷的神秘味覺經驗,好比走在喧囂、充滿各式各樣香味混合的香料市集。這隻飲過印度洋之水的St-Pierre魚,果真全身上下流露出當地的浪漫風采。

●岩石燒「匈牙利辣椒鯖魚串」。

擅於運用各式香料,創造複雜細膩口感的羅蘭杰,廚房設計也自成一格,除了有他一手設計創新式的傳統炭火烤爐外,還開闢一區,專門放置在世界各地旅遊時,發掘出來的各種香料、自製的醬汁,及混合酒醋、橄欖油等五顏六色的瓶瓶罐罐,而且大多不標示內容。我問他是否因為是獨門秘方,所以如此保密,連標籤都不貼?他聽後面紅耳赤,答不出話來⋯。

羅蘭杰至今從世界各地蒐集的奇異香料已經高達三百多種。他還很得意地「現」出他珍藏的幾樣收藏品,如莫三鼻克的柳丁、馬拉巴爾的胡椒、錫蘭的肉桂等等。「每一次,當我發掘出一種不同的香料,就給與我另一個方向,新的創作靈感⋯。」然而,事必躬親的他,也是典型的完美主義者。每道客人點的菜餚,他都要親自一一檢視,最後階段時額頭因專心過度而流汗不止的身影,至今回想起來,仍讓我感受到身為專業料理人的他,一絲不苟、追求百分百完美的特質。

他的妻子珍(Jane)對我說了一個不為人知的秘密:「有一次,客人走後,他一個人到花園,突如其來地將頭撞在樹幹上,哭地像個孩子般⋯;他認為他弄砸了一桌!我跑去安慰他,因為,對他而言,若無法讓客人明白,藉由料理,他心中所想傳達的訊息與情感,對他而言是最痛苦的事⋯。」

原為化工高材生,連創作方式也異於常人。他總是喜歡獨自一人沉思菜單的內容,先在腦中調配出大致的味道,長時間構思卻鮮少實驗;他也很少試嚐醬汁,有一種如莫札特作曲般渾然天成的料理天分。

●「峭壁上的野生酸模佐蜘蛛蟹」。

羅蘭杰的開胃菜小巧、精緻、可愛,構圖簡單乾淨,滋味卻有著說不出的綿延⋯。例如冬暖夏涼的岩石燒「匈牙利辣椒鯖魚串」(Brochette

●獨特兼感性的「旅行的邀請」。

de maquereux aux paprika)，是以石頭本身保溫或散熱的天然特質當容器來烘托魚肉的鮮美，微辣的紅椒粉可以增加食慾又可去腥，可謂一舉兩得。另一道招牌開胃菜，是以小巧可愛的綴錦蛤殼盛著三種口味、顏色、香氣皆不同的海鮮─有紅白相間的「紅皮白蘿蔔絲搭配橘子醋醃的St-pierre魚條」(Bar st-pierre avec huile vinaigrette orangé et radis)、香濃碧綠的「香芹汁佐濱羅」(Bigorneau au jus de persil)、酸脆可口的「檸檬貽貝」(Moule anchois jus de citron)。我個人最愛的前菜「峭壁上的野生酸模佐蜘蛛蟹」

●色彩繽紛的甜點。

(Fine chair d'araignée de mer, oseille sauvage de la falaise)，是將梭子蟹肉汁熬製的原汁凍，混合淋上酒醋的酸模醬，再搭配鮮美的蜘蛛蟹肉，為非常消暑開胃的冷盤。另一道帶有濃厚布島氣息的「酸味小朝鮮薊及番茄果醬佐生蠔」(Les huîtres de la baie, une marmelade aromatique de tomates et des petits artichauts enacidulée)，以滋味柔和的生蠔，搭配去掉酸味的番茄及口感同樣溫和卻略帶酸味的朝鮮薊，是一道口感合諧、創意頗為奇特

的料理。喜歡螯蝦的我，還特地點了道「螯蝦兩吃」(Homard en deux services)，以活梭子蟹及略帶酸味的cumbavas葉，加肯亞胡椒、黃檸檬、馬鈴薯等多種材料熬煮成的醬汁，搭配由羅蘭杰的漁船「雜亂無章」(Petit Pagaille)補來的新鮮螯蝦，取食尾部及鉗子部分。我較喜歡前者，味道與口感上都較後者來得豐富。

至於讓我至今難忘的甜點「旅行的邀請」(Invitation au voyage)，為羅蘭杰「香料料理」

●口感、味道各異其趣的「螯蝦兩吃」。

的獨特與感性面，做了最完美的註解！古典的千層酥皮內，裹著熱帶水果鳳梨泥；搭配同樣燃燒著熱帶魅力的，裹著焦糖與椰子粉的香蕉；再配上一杯熱騰騰，混著百香果、薑粉、肉桂、丁香、芒果、檸檬等酸、甜、辣兼具的「蘭姆蘋果酒果茶」。傳說這種在十八世紀即已存在的飲料，是為了餞別即將遠離家鄉的遊子而特別調製，據說喝過它的人們，總有一天會回來…。我相信這酒果茶的魔力，您呢？

喬治・班諾 *Georges Palmeau*
克勞德・勾陸偉 *Claude Corlouer*

布列塔尼料理展翅高飛⋯
它有的是未來，多過，它從未有過去。
～班諾與勾陸偉

●「布列塔尼」餐廳的大廳內，瀰漫著夢境般的神秘氣氛…。

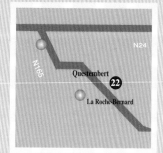

N24

N165

Questembert **22**

La Roche-Bernard

布列塔尼(Le Bretagne)
《米其林》＊＊
《GaultMillau》17/20
地址：13, rue Saint-Michel 56230 Questembert
電話：02 97 26 11 12
傳真：02 97 26 12 37
套餐（Menu）：商業午餐180法郎，295～490法郎
單點組合（Carte）：600～700法郎
週一、週二中午（除1、7、8月）休息
60席

●十九世紀時，原為郵局的「布列塔尼」餐廳。

　　我來到圓桌武士傳奇的故鄉─蓋斯多貝(Questembert)，後代子孫繼續騎士未完成的使命：尋找象徵「夢想」的「聖杯」(Graal)。歷經幾世紀的尋尋覓覓，終於在二十世紀的今天，在「布列塔尼」(Le Bretagne)飯店尋獲。

　　「全世界最瘋狂的事，就發生在家庭！」喬治‧班諾及克勞德‧勾陸偉這對岳父、女婿料理搭檔，搭配丈母娘米雪兒(Michèle)，及兩位個性迥然不同的女兒娜塔莉(Nathalie Corlouër)與蘇菲(Sophie Blanchet)，組成全法國最讓人妒嫉的合作班底。

　　這棟被葡萄葉、鐵線蓮覆蓋了整片圍牆的「布列塔尼」餐廳，十九世紀時原為郵局，班諾全家卻賦予其全然不同的生命力。從極具個人品味特色的內部裝潢、洋溢著愛與歡笑的愛神花園，到宛如在大海內漫遊的藍色廚房，及如同呼吸布列塔尼帶碘味的空氣般，帶著大海味道的海鮮料理…，日日夜夜在「布列塔尼」餐廳上演的，不是易卜生(Henrik Ibsen，一八二八～一九○六)的《傀儡家庭》，而是充滿了荒謬、顛覆、創意的莫里哀(Molière，一六二二～一六七三)家庭喜劇。

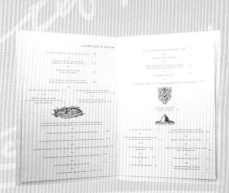

●「布列塔尼」餐廳的菜單。

●宛如在大海內漫遊的藍色廚房。

推薦菜單

龍蒿奶油慕斯佐生蠔盒
Les huîtres en paquets sous un beurre mousseux à l'estragon

糖煮大黃佐紅鮪魚
Thon rouge poêlé a la compote de rhubarbe

羅勒貽貝配海鮮慕斯生蠔
Des moules au basilic des huîtres dans une crème marine

♠

番茄甘藍荽螯蝦
Le chou farci de homard à l'effilochée de tomates

布列塔尼豬腳內臟丸子
Les pieds et paquets à la bretonne

貝殼慕斯佐箬鰨魚
La sole cuite au plat crème mousseuse aux coquillages

♥

柳橙醬佐柳橙配甘草冰淇淋
La terrine d'oranges dans son coulis glacé à la réglisse

糖煮乾果盒配胡蘿蔔冰淇淋
Compote de mendiant sorbet à la carotte

◆

酒
Muscadet

畫出愛情料理盤

　　若問法國主廚們，為何會走上料理這條路，九五％主廚的回答都是因為女人。喬治・班諾及克勞德・勾陸偉這對「岳父女婿料理人」亦然！首先，第一位是賜予他們生命的女人—母親！二人皆無法在記憶裏抹去母親為他們做羹湯的影像；另一位則是伴隨他們一生一世的妻子。正所謂：「人生所有的故事都從餐盤上開始…。」愛情的故事亦然…。

　　尚未成為料理師之前，喬治・班諾獨獨鍾情以畫筆來調理出他的理想世界…。至今，連床頭櫃上都放著羅特列克、高更及塞尚傳記的他，更是三位畫家忠誠的仰慕者。喬治・班諾向我透露了一段不為人知的往事：「十四歲那年的某個晚上，我剛看完尚・雷諾(Jean Renoir，一八九四～一九七九)的「紅磨坊」(Moulin Rouge)，這部探討吐魯斯・羅特列克(Toulouse・Lautrec，一八六四～一九○一)一生的電影，結果在回家的路上，感覺背後傳來一陣陣拄拐杖聲…。害怕的我，一路跑回家去，自那晚起，每次夜裏出門，

●尚未成為料理師之前，班諾獨獨鍾情以畫筆來調理出他的理想世界…。

都會聽到同樣的拐杖敲地聲…。湊巧的是，同時期，我進入美術學院；這聲音持續了三年直到我畢業才消失…。」。

　　從南特國立藝術學院畢業後，他曾一度想上巴黎闖天下，但幾番嘗試都遭遇到失敗。為了養活自己，決定選擇第二個興趣—料理，做為填飽肚子的職業。一九五七年，他來到每年舉辦國際短片展的克列蒙-菲鴻(Clermont-Ferrand)的餐飲學校就讀，在那兒，他巧遇一生的佳人—米雪兒。外貌圓嘟嘟的米雪兒，形容他倆第一次相遇：「我當年十九歲，我們是『一見鍾情』！當時我只覺天旋地轉，頃刻間忘了身處何方。腦裏只有一個想法：『眼前的他，正是我夢寐以求的白馬王子。』」。她出身於虔誠的基督教家庭，剛開始時，因拘泥於世俗教條，不敢表達心中愛意；但很快地，班諾幫助她卸除少女的羞澀。他們一起讀書一起通過考試，簡直就是形影不離，學校同

學都戲稱他倆為「班諾情人」。在愛情的「滋補」下，他們消瘦得如同杜鵑鳥…。但，父母大人總是會在適當的時機出現！這對難分難捨的小情侶被米雪兒母親在最關鍵的時刻逮住，當時，米雪兒母親臉上一付不能置信的表情，吃驚地問她：「妳在這兒做什麼？」米雪兒冷靜地回答：「我們正為了畢業考全力以赴！」，之後，他們就再也沒有分離過。畢業證書拿到的那一天，他倆就迫不及待地「私奔」。一九五九年，班諾被國家遣送參加「神聖的」阿爾及利亞保衛戰，一去就是三年。戰爭初期，米雪兒發現懷有身孕，兩人在隆隆炮聲中步入紅毯的那端…；一九六一年底，戰爭結束，他們先在Baule及Megève兩城往返工作了兩年，輾轉回到米雪兒出生的小鎮維恩(Vienne)，然後班諾進入五○年代對法國料理影響深遠的一費納‧普安「金字塔」餐廳，在那兒擔任「部門主廚」(chef de partie)一年；又到南特(Nantes)的「安妮女公爵」(La Duchesse Anne)餐廳，擔任二廚二年，他們歷年

來省吃簡用，攢下了一筆爲數不小的積蓄，一九六五年，便買下蓋斯多貝(Questembert)的「布列塔尼」(Le Bretagne)，開始了這首轟轟烈烈的「料理藝術狂想曲」…。

冶廚藝畫藝於一爐

三十多年來，夫妻倆一點一點構築理想。身兼畫家的喬治·班諾，將所有的繪畫作品陳列在餐廳內，使得「布列塔尼」變爲一間活生生的美術館。第一次身處大廳時，只感覺兩字：震撼！屋內隨處可見

●所有的繪畫作品均陳列在餐廳內，使得「布列塔尼」變爲一間活生生的美術館。

班諾藉由鮮豔強烈的色彩，表現寫實的人物形體與物質幻覺的繪畫；面對花園的大廳內，紫色的樑柱與沙發、中央的旋轉木馬、略帶銅綠的古樸圓鏡，營造出夢境般的神秘氣氛…；另一廳，則覆蓋著如核桃木色般的橡木護壁板及黃色水紋簾，搭配黃色的瑪格麗特，營造出一種截然不同的溫柔感…。兩廳的餐桌佈置更見巧思，米雪兒手繪的桌布上，擺設著來自義大利Murano島的半

透明藍色水紋盤，其上堆疊著價值不菲、圖案顏色大異其趣的十九世紀末二十世紀初的Barbotine古董餐盤，這些餐盤都是出自米雪兒多年的蒐集，總計有七十多件，每套都是獨一無二的精品。除此之外，來自布列塔尼北區的晶質玻璃器皿製造廠限量生產的藍色高腳酒杯，出自Lalique的水晶煙灰缸，及素有「布列塔尼王子」之稱的乾燥蔬菜朝鮮薊等等，簡直讓我眼花撩亂…。

在戰爭中出生的大女兒蘇菲(Sophie Blanchet)，似乎全然繼承了父親狂熱的藝術家天性。身爲鑲嵌畫家，她琢石砌磚拼湊出色彩鮮豔亮麗的圖樣，餐廳入口處的沙龍，紅、白、藍瓷磚相間的吧台及五顏六色的桌面，花園中的馬賽克圖案桌子，即是出自她的傑作。

個性沉穩，害羞的娜塔莉，卻與父親和姐姐相反，她戲言：「一個家中同時出現兩位藝術

●來自義大利Murano島的半透明藍色水紋盤。

●覆蓋著如核桃木色般的橡木護壁板及黃色水紋簾，營造出一種截然不同的溫柔感…。

家，是件辛苦的事，我和母親的個性剛好與他們互補！當他們為創作的事激動憤怒時，我盡量使氣氛緩和。」生活在藝術世家的娜塔莉，最終選擇了木訥寡言的克勞德‧勾陸偉。結褵十五年的兩人，卻是在父母的餐廳認識。勾陸偉原來在布魯塞爾的希爾頓飯店工作了二年，原本計劃前往巴黎，然而骨子裡卻流著布列塔尼人喜以大海藍天綠地為家的血液，花花世界巴黎，反而成了最讓他感覺孤寂的城市。因緣際會地，他在布魯塞爾的希爾頓飯店遇到前去參加世界美食週的喬治‧班諾，在故鄉的呼喚下，一九八二年，他申請了在喬治‧班諾「布列塔尼」餐廳工作的機會。命運的線纏纏繞繞，在繞了世界一大圈後又回到故鄉的他，重演喬治‧班諾夫妻的歷史，和娜塔莉相戀，只是兩人在親人與愛神的關愛下，很快就演奏出纏綿悱惻的戀愛小夜曲。

喬治‧班諾及克勞德‧勾陸偉這對岳父女婿料理搭檔，雖然年齡相差二十歲，個性更是南轅北轍。然而，「家庭」關係與對料理工作的「熱情」，卻使他倆成為前所未有的最佳拍檔…。如班諾所說：「兩人一起想總比一個人苦思來得好！」但是在廚房，兩人就各自為政，班諾處理肉類，勾陸偉則包辦所有的海鮮料理。每天一早，勾陸偉親自到瓦訥(Vannes)海港，選購剛下

●餐廳入口處的沙龍，紅、白、藍瓷磚相間的吧台及五顏六色的桌面。

船的海鮮爲材料。班諾料理風格如同繪畫，帶著
隱形畫筆烹調的他，有著藝術家的即興創作本
能；女婿勾陸偉則以準確、精密的技術見長。勾
陸偉曾一手肩負起超過百人的宴會，從食材數量
的決定、菜單的內容安排、事前與班底充分的細
節溝通，及上菜的技術性
層面的克服，都再再表現
出他完美的技術及卓越的
統御才能。兩人的無間配
合，終於爲他倆贏得一九
九五年《GaultMillau》
19/20的美譽。

●「羅勒貽貝配海鮮慕斯生蠔」。

布列塔尼料理的重生

　　不過，人的一生沒有隨處都是直順平坦的。
一九八○年，當《米其林》美食評鑑出版該年度
的評賞報告時，「布列塔尼」由原本的二顆星榮
譽掉落爲一顆星，隨之而來的是客人減少了三○
％的現實。當時年已五十
歲的班諾，熬過了人生中
最痛苦的二年時光，他回
憶起當時的景象：「某
晚，有位女士來餐廳用
餐，順便參觀了我的繪
畫，半晌後，她突如其來
地自言自語：『不可能！

●班諾料理有著藝術家的即興創作本能，勾陸偉則以準確、精密的技術見長。

這樣地糟蹋畫布，簡直教人受不了！』她接著看到右下角的簽名，頃刻間，如遭受到電擊般…，當時，我就站在她身後，她回過頭看到我，愣了幾秒，轉身離去。」

這位一生從未賣出一張畫，卻在妻子的支持下，一輩子從事繪畫並舉辦過六次個展，他的繪畫呈現五、六○年代「普普藝術」(Pop Art)的風格，以男女為主題，並以幾何圖形來強調豐碩的肢體，在顏色表現上相當大膽的他，竟然是天生的色盲。

有「第二法國的胃袋」稱號的布列塔尼，以得天獨厚的地理環境，擁有豐富的海鮮食材。一直以來，擁有強烈的地方民族性與獨立國特質的布列塔尼人，總習慣以「我是布列塔尼人！」代替法國人自稱。喬治·班諾及克勞德·勾陸偉亦然，與其說他們做的是法國料理，不如以「現代的布列塔尼料理」稱之更為恰當，因為在食材的

運用上，飽含十足的地域色彩的班諾與勾陸偉，使用大量的螯蝦、生蠔等海鮮，及當地盛產的蔬果如朝鮮薊、菠菜、甘藍菜等創作出招牌菜「番茄甘藍菜螯蝦」(Le chou farci de homard à l'éffilochée de tomates)，或是利用菠菜包裹新鮮生蠔的「龍蒿奶油慕斯佐生蠔盒」(Les huîtres en paquets sous un beurre mousseux à l'estragon)，混合了葉香的生蠔盒，裹著帶碘味的生蠔汁在

●「布列塔尼豬腳內臟丸子」。

口中激盪開的一剎那，如同海浪拍擊岩岸，有著石破天驚的感覺。

又如以傳統食譜為靈感的「布列塔尼豬腳內臟丸子」(Les pieds et paquets à la bretonne)，乃是以豬腳絞肉加內臟及羔羊胸絞肉混合做成的丸子，配上牛犢原汁及紅酒混合的醬汁和各式蔬菜而成，昔日此地稱為andouille。吃起來酸甜中，還有少許微辣，配上該店自製的小麵包及海鹽奶

●「柳橙醬佐柳橙配甘草冰淇淋」。

油，相當開胃。至於餐後不能少的甜點，以吃來很爽口的「柳橙醬佐柳橙配甘草冰淇淋」(La terrine d'oranges dans son coulis glacé à la réglisse)，做為海陸料理的完美休止符，是非常和諧的菜單搭配。

不過，我總覺得在繪畫與餐廳裝潢上力求大膽創新、表現出極度個人風格的班諾，在料理風格的表現上反而傾向保守。雖然他振振有詞地宣稱，料理也是藝術的表現，然而，料理的目的是與眾人分享食物，再美好的食材，若無法得到伯樂也是枉然；此外，一盤盤耗時費心做出來的佳肴，任憑再怎麼傑出、具創意，卻也無法同其他藝術一般，被永遠保存下來，最終剩下的只有食客心中甜美的回憶。或許，班諾從事

繪畫，和其他法國料理師忙於著述或成為業餘雕塑家的原因，都是企圖為生命留下一些曾經存在過的痕跡吧！

喜歡文學的班諾，除了完成了一本小說《羅亞河上的香港》(Honk Kong sur Loire，一九九六)外，並將他對布列塔尼料理的省思，以文字記錄下來，前後發表了三本著作。已是兩個孫子的爺爺的班諾，目前還計劃畫一本童話故事書，並編導一齣以「愛情」為主題的舞台劇…。看來這首由家庭成員演奏的「愛的料理藝術狂想曲」，將會永永遠遠地延續下去…。

●「貝殼慕斯佐鱈魚」。

Chefs

向烹調出人類美食榮光的名廚致敬………

國家圖書館出版品預行編目資料

名廚的畫像／彭怡平著.--初版--臺北市
：商業周刊出版；城邦文化發行；
民87　面；　公分.
ISBN 957-667-224-4（精裝）
ISBN 957-667-225-2（平裝）
1. 飲食業-法國-傳記
483.8　　　　　　　　　　　　　87015042

名廚的畫像 法國百年美食文化絕代風華

作　　　者／彭怡平
攝　　　影／彭怡平
責 任 編 輯／蔣豐雯
發　行　人／何飛鵬
主　　　編／曾蘭蕙
法 律 顧 問／中天國際法律事務所‧文聞律師
出　　　版／商業周刊出版股份有限公司
　　　　　　台北市敦化北路62號10F之1
電　　　話／（02）87736996　傳真／（02）27110454
發　　　行／城邦文化事業股份有限公司
　　　　　　台北市信義路二段213號11F
電　　　話／（02）23965698　傳真／（02）23570954
劃　　　撥／18966004　城邦文化事業股份有限公司
香港發行所／城邦（香港）出版集團
　　　　　　香港北角英皇道310號雲南大廈4／F，504室
電　　　話／25086231　傳真／25789337
封 面 設 計／李男工作室
美 術 構 成／楊啓巽工作室　電話／（02）24667611
印　　　刷／永光彩色印刷股份有限公司
總 經 銷／農學社
電　　　話／（02）29178022
行政院新聞局北市業字第913號
□1998年（民87）12月1日初版　　Printed in Taiwan.
售價／1200元（精裝限量珍藏版）‧499元（平裝）